日本語を
教えるための
教授法入門

［編著］深澤のぞみ・本田弘之
［著］飯野令子・笹原幸子・松田真希子

Kurosio
くろしお出版

はじめに

　本書は、日本語教育の方法を学びはじめた人のために書かれました。具体的には、すでに日本語教育の概要と日本語学（言語としての日本語）についての授業や講座を修了し、これから具体的な教え方を学ぼうとしている人が対象です。日本語教師が学習者にどんな「教え方」をすればよいかを理解して、さらに自分の個性と自分が担当するクラスの学習者に合わせて自分自身の「教授法」を考えていける教師になることを目標にしています。

　これまでも「日本語教授法」を解説した書籍は、数多く出版されてきました。それらの書籍の内容を見ると、大きく３つに分かれるように思います。それは、①外国語学習のあるべき姿、つまり「教育理念」《➡第３章参照》を提唱するもの、②主に初級クラスで学んでいく学習項目について、一つひとつ教えていくときの手順を説明した「教師のための手引書」、③日本語教授法の概念や用語を解説したもの、具体的には「日本語教育能力検定試験」の区分４「言語と教育」に出題されるような知識をまとめたものです。

　さらに、それらとは別の問題として、これまで出版された「教授法」関係の書籍のほとんどが、無意識のうちに日本語母語話者教師を対象として書かれていることも気になります。

　日本語教育を学ぶ人が実際にクラスで授業をするときには、これらの書籍にまとめられていること、つまり、教育理念を考えること、そのために必要な知識を持つこと、そして、具体的にどのように教えるかが、すべて必要になります。つまり、理念、知識を授業で具体化し、使えるようにならなければなりません。本書は、日本語教授法における教育理念や知識を理解することから始めて、それを授業でどのように実践するかを自分で考えていけるようになるまで、順をおってまとめています。また、日本語を母語としない日本語教師の読者も視野に入れています。

　本書で学ぶことによって、みなさんが、日本語教授法の理念や知識を授業に「実装する」ことができるようにする。それが、本書の目的です。

日本語を教えるための教授法入門
目　次

本書の使い方

◎本書の対象者

本書は以下の人が対象です。

- ☑ 日本語教員養成課程などで日本語教育と日本語学の基礎になる科目を学んだ人
- ☑ これから模擬授業や教育実習などの実践訓練に入る人
- ☑ すでに日本国内外で教えている日本語教師で自分自身の教授法を確立したいと考えている人
- ☑ 今教えているクラスとは異なるレベルや学習目的を持つ学習者にも対応できるような応用力をつけたいと考えている人

◎本書の内容

本書は 10 章からなっています。

第 1 章から第 3 章までは、日本語教育の現状と教授法、日本語学と教授法、そして外国語教育の歴史的変遷と教授法の関係を見ていきます。みなさんがこれまで学んできた知識が、日本語教授法を考える際、どのようにつながっていくのか、ということです。

第 4 章から第 8 章までは、日本語教育の各レベルにおいて、どのような教え方を選ぶのか、具体例を学びます。つまり、教授法を授業に「実装する」方法を考えます。

第 9 章と第 10 章では、採用した教授法がどのような効果を上げたかを評価する方法を学びます。評価の方法は、教授法と強く結びついています。教授法を的確に評価し、それを次の授業にフィードバックすることは、学習者と教師を成長させるために欠かせません。その方法を見ていきます。

◎本書の使い方

本書は、日本語教員養成課程のコースで用いる方法と、自習で用いる方法と 2 つの使い方を想定しています。

日本語教員養成課程のコース（1 期 15 回）の場合は、一例として以下のよ

うに進めることができます。これはかなり早く進む例です。

授業回	本書の内容
第1回	オリエンテーション、第1章（日本語教育の概要）
第2回、第3回	第2章（ほかの授業で習ったことの復習も兼ねる）
第4回	第3章（外国語教授法の概要）
第5回	第4章（初級教授法の概要）
第6回	第5章（初級教授法の概要）
第7回	第6章（中級教授法の概要）
第8回	第7章（上級教授法の概要）
第9回	第8章（技能別教授法の概要）
第10回	第9章（テスト）　※模擬授業の教案作成
第11回	第10章（評価）　※模擬授業の教案作成
第12回、第13回	初級レベルの模擬授業
第14回	模擬授業のふりかえり
第15回	期末試験

　1期15回のコースで用いる場合には、模擬授業などを組みこみ、20分程度の授業を教室でおこなってみることが大事です。初めて日本語教育を学ぶ人にとっては、教室での指導の基本的な技能である「導入」や、さまざまな種類の口頭練習などを教案の中に入れて作成し、それを実践できるようになることが、この段階での大きい目的であるといえます。

　模擬授業をする学生が多い場合には、日本語教授法のコースを1と2に分けて（1期15回を2期分）設けます。1期目を「初級教授法」と位置づけ、第1章から第5章を8回ぐらいかけて進み、残りは初級レベルの教案の書き方と模擬授業について丁寧におこないます。そして、2期目を「中級・上級教授法」と位置づけ、第6章から第10章を学び、中級と上級の教科書を用いた模擬授業をおこなうという流れになります。

　それぞれの教育機関の実情に合わせてカリキュラムを決める必要がありますが、どのような場合でも、教授法だけを知識として覚えてもあまり意味がありません。実際に教案を書き、模擬授業として実施してみることが大事です。そ

のために本書では、実際にどのような活動が考えられるかの例も、ふんだんに入れていますので、参考にしてください。

　自習で用いる場合は、主にすでに現場で教えている日本語教師の方が中心となるのではないかと思います。その場合には、自分の現場や実際の教え方を思い描きながら、本書に書かれている内容がどう該当するのかを考えて読むといいでしょう。

◎各章の進め方

　本書は前述したように、すでに日本語教育と日本語学の基礎となる科目を学んだ人や、教壇に立って教える経験がまだ浅い人が主な対象です。そのため、「日本語教育能力検定試験」の試験範囲を網羅しているということではありませんが、実際に教える場合に重要と思われる「キーワード」を抽出してあります。これは、教授法そのものにも大きく関わり、また結果的には検定試験対策にもなる用語が取りあげられています。ですから、まず予習として、「キーワード」を確認したり、初めて見るものがあれば、関連の書籍も多くありますので、調べてみてください。その際、自分のことばで説明ができるようになっていることが重要です。

　そのうえで、本書の内容を読み進めてください。最後には「まとめタスク」があります。自分で取り組むだけでなく、クラスメートと考えたことを共有しながら進めてください。

第1章

日本語教育とは、
日本語教師とは
何かを考えよう

この章を理解するための ▶ ▶ ▶ (キーワード)

▶日本語教育、日本語学習者、日本語教師
▶母語、第二言語、継承語、外国語、国語
▶ニーズ分析、コースデザイン
▶ファシリテーター

　日本語教育というのは「日本語を教える」ことですが、「だれが」「だれに」「どこで」「何を」「何のために」「どのように」ということを深く考えていくと、かなり広い概念であることがわかります。この章では、日本語教育をさまざまな視点から考えて、その全体像を探ることを目指します。

1

日本語教育とは

1-1　日本語教育は何を教えるのか

　この本を手にされる方は、母語話者として日本語を習得している場合もあれば、日本語学習者として日本語を学習したことのある場合もあると思います。そしてこれから日本語を教えようと思っている方や、すでに日本語教師として日本語を教えた経験のある方もいることでしょう。

　実は**日本語教育**というのが何を教えるのかと考えたときに、「日本語」であることは確かなのですが、まずこの「日本語」とは何を指し示すのかをはっきりしておかなければなりません。

　日本語教育で教えるのは日本語ですが、もう少し専門的に表現すると、第二言語あるいは外国語としての日本語です。ここで関連の用語を説明します。まず「**母語**」というのは、人が生まれて一番初めに、周りの養育者から習い覚えることばを指します。そして、母語の次に生活や勉学のために必要となる言語を「**第二言語**」と呼び、主に教養のために学ぶ言語を「**外国語**」と区別して呼ぶことがあります。日本語教育で教える日本語は、文法や基本文型、文型の使い方などの知識が含まれます。日本国内でも学校の教科として日本語が教えられていますが、この場合には日本語とはいわず「**国語**」と呼んでいます。国語というのは、基本的には日本の国内で日本語の母語話者の子どもに対しておこなわれる日本語の教育を指します。その内容は、日本語の文法などを一から学ぶのではなく、子どもたちがすでに母語として日本語の基礎を習得していることが前提となっていて、日本語の文章を深く理解したり鑑賞したりすること、さらに日本語での表現力を身につけることなどが目的とされています。日本語教育という場合には、基本的には日本語を母語として学んでいない人のためにおこなわれる日本語の教育、つまり第二言語や外国語としておこなわれる日本語教育を指しています。

　また、出生地以外で育った子どもや、複数の言語環境で育つ子どもの場合、学校で学ぶためなどに使うのは現地のことばで、親から引き継いだことばとは異なることが多くなります。そのような場合に親から引き継いだことばを「**継承語**」と呼びます。その子どもにとっては、母語でもなく外国語でもないことばです。日本語教育には、このような継承語としての教育も含まれます。

　なお母語とよく混同されやすいのが「母国語」です。ある人が生まれた国のことを母国と呼びますが、母国のことばがその人の母語とは必ずしも一致しないことがありますので、この両者を使い分けることが必要です。

1-2　だれに日本語を教えるのか

　日本語教育では、日本語を学んでいる人を「**日本語学習者**」と呼びます。この学習者の対象となるのは、基本的に日本語を母語としない人で、いわゆる外

国人が中心となります。ただし人々の背景が多様になったため、日本国籍を持っていても母語が日本語でない人や、国籍は日本以外でも母語が日本語である人など、国籍と母語との関係もさまざまで複雑なのが最近の特徴です。ですから、国籍は日本人であり、その後日本以外の国で育った関係で日本語よりも現地の言語を中心に使うようになった場合や、そのような子どもが日本に帰国した「帰国子女」も日本語学習者に該当します。また日本に居住している国際結婚の夫婦の間に生まれた子どもなども、国籍は日本人であっても、家庭での言語が日本語以外の言語であるような場合にも日本語教育の対象者となります。

　このように日本語教育の対象者はさまざまであり、この多様性が日本語教育の1つの大きい特徴であるということができます。

1-3　どこで日本語を教えるのか

　日本語教育は主に日本語を母語としない人を対象に、日本語を第二言語として、あるいは外国語として教えることを指すのは前述したとおりです。では、場所としてはどのようなところで実際に教えられているのでしょうか。

　大きく分けると、日本国内と海外です。そして国内でも海外でも、小学校や中学校、高校や大学といった学校、語学学校、地域の中で実施される教室、企業内での教室など、非常に多様な場所で教えられています。

　ところで、日本国内の日本語教育に関する施策は、文化庁[1]と、さらに学校については文部科学省[2]が担当しています。国内の日本語学習者が何人いて、どのような場所で学んでいるかは文化庁が毎年調査をおこなっていて、結果をWebサイトで公表しています。また、海外での日本語教育の普及は国際交流基金[3]がおこなっており、海外における日本語教育の実情についての調査も、4年に1度おこなっています。

　文化庁の調査によると、2019年の日本国内での日本語教育実施機関・施設等数は2,542人、日本語学習者数は277,857人で、前の年よりも増加しまし

1　文化庁「日本語教育」https://www.bunka.go.jp/seisaku/kokugo_nihongo/kyoiku/index.html
2　文部科学省「海外子女教育、帰国・外国人児童生徒教育等に関するホームページ」
　https://www.mext.go.jp/a_menu/shotou/clarinet/main7_a2.htm
3　国際交流基金「日本語教育［言語］」https://www.jpf.go.jp/j/project/japanese/index.html

た。日本語教育を実施している機関は、日本語学校や大学などの日本語教育機関と、地域の自治体や国際交流協会が主催している日本語教室、地域のボランティア日本語教室が中心となっています。また、日本語指導が必要な外国につながる子どもたちに対する日本語教室は、小学校を始め中学校にも必要に応じて設置されています。なお、外国籍の子どもたちや国際結婚の両親がいる子ども、帰国子女などを、本書では「外国につながる子ども」と呼びます。

　次に海外に目を転じてみましょう。国際交流基金の 2018 年度調査では、現在、過去最多の 142 か国・地域で日本語教育がおこなわれていることが明らかになっています。海外の日本語教育機関の数は 18,661 機関と過去最多だった前回を上回る結果となりました。上位 5 か国は、韓国、インドネシア、中国、オーストラリア、米国と続いています。具体的には、中等教育（中学校や高等学校での教育）で日本語教育を実施している国・地域が最も多く、次に民間の語学学校など学校教育以外の場でおこなわれているケースが続いています。

1-4　だれが日本語を教えるのか

　日本語を教えるのは**日本語教師**ですが、具体的にはどのような人が日本語教師として教えているのでしょうか。日本語を母語とする教師が主流だと思いがちですが、決してそうではありません。国際交流基金の 2018 年度調査の結果では、世界の日本語教師数は 77,323 人で、このうち日本語母語話者教師は 16,252 人（21 ％）です。母語話者教師は母語を意識的に学んだことがなく、むしろ日本語を母語としない教師のほうが理解しやすい教え方などをよく知っているといわれています。世界の日本語教育を支えているのは、日本語を母語としない教師なのです。

　日本国内の日本語教師については、どうでしょうか。前述した 2020 年の文化庁の調査では、日本語教師の数は 41,755 人でした。日本語教師資格が必要な日本語学校で教えている教師、大学や語学学校、国際交流団体などで教える教師、そして地域の日本語教室のボランティアとして教える教師など、さまざまな種類の日本語教師がいます。

2
日本語教育の全体像

2-1　日本語教育の俯瞰図

　1で見てきた日本語教育を俯瞰します。図1に示します[4]。日本語教育の全体像を日本語教育の対象者と教える場所を座標軸として図式化しています（深澤2020）。

　どの部分を教えるかによって、日本語学習者が必要としている内容も異なり、教授項目や教授法も異なってきます。それを考えるためには、それぞれの区分にはどのような日本語学習者がいて、何人ぐらいなのかなどが大事な基礎知識となります。

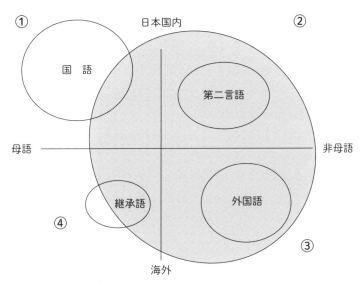

図1　日本語教育の種類と扱う範囲

4　実際には、1-2で述べたように、日本語を学ぶ人々の背景が多様化、あるいは複雑化しているため、図中の円が重なっている場合などもありますが、ここでは日本語教育の全体像を俯瞰することを優先させ、単純化してあります。

2-2　外国語としての日本語教育

　ではまず図 1 の③から見てみましょう。ここは海外でおこなわれる日本語教育で、主に日本語が母語ではない学習者に対する日本語教育です。前述した国際交流基金の 2018 年度調査で明らかにされた、142 か国・地域でおこなわれているような日本語教育を指します。海外での日本語学習者数は、この調査によると 3,851,774 人です。これはあくまでも日本語教育機関などを通した調査で、自分で教科書を使って独学するとか、オンラインで学習するなどの数は含まれませんので、実際にはもっと多い数になるかもしれません。日本語学習者数が多いのは、韓国、インドネシア、中国などで、アジア各国が多い結果になっています。そして海外の日本語教育機関の数は 18,661 機関で、中等教育機関が多いという結果でした。

　具体的には、アジアの各国では第二外国語の授業として日本語が選ばれている国があり、中学校や高等学校などで日本語が学ばれています。ここでは現地の日本語教師、つまり日本語を母語としない教師が指導の主役ですが、国際交流基金（JF）や国際協力機構（JICA）から派遣される日本人の教師が教壇に立ったり、現地教師のサポートをしたりすることもあります。最近では英語志向が強まり、日本語のクラスが閉講してしまうこともあるようですが、それでもなお、子どもたちが日本語を学んでいる国々は少なくありません。また大学などには日本語学科があり、主専攻として日本語が学ばれています。日本語学科を選ぶ動機はさまざまですが、やはり日本のアニメやまんがに幼少期から親しんでいることが日本語を学ぶきっかけになることも多いようです。大学などでの日本語教育では、日本語学科の教師とともに日本人教師が特に会話などの授業を担当することがよくあります。

　そのほか、図 1 の③に含まれる日本語教育の現場としては、現地の日本語学校や外国語講座などで日本語を教える場合があります。これは世界中、いろいろな場所でおこなわれており、学習者の年齢や学習の目的などは多様です。また外国人看護師や介護福祉士を目指す人のための教育機関や技能実習生の送り出し機関などでも、日本語教育と場合によっては技能の教育もおこなわれます。これらはアジアの国々が中心となります。

　ところで外国人の看護師や介護福祉士は、基本的には日本の国家試験に合格しないと就労することができません。外国人看護師や介護福祉士、そして技能

実習生については、受け入れの枠組みや送り出し国によっても、来日の要件が異なります。厚生労働省の Web サイト[5] などに詳しい情報が書かれています。

2-3　第二言語としての日本語教育

次に、第二言語としての日本語教育について考えます。図1の②の部分です。第二言語としての日本語教育は日本国内で外国人日本語学習者を対象におこなわれることが多いです。日本語が生活や勉学のために必要だという理由で、日本語学習者が日本語を学びます。

写真1　日本語のクラスでの書き初め

まずこの中に、日本の大学で専門分野の学問を学んだり、大学や専門学校への進学を目指して日本語を学んだりする留学生が含まれます。

また、日本の会社で働く外国人社員が日本語学校で学ぶこともありますし、会社の中に設けられた日本語教室に日本語教師が赴く場合もあります。

さらに日本の国内の各地には「生活者としての外国人に対する日本語教室」と呼ばれる場も存在します。「生活者としての外国人」というのはややわかりにくいことばですが、在留資格や職業などに関係なく、日本に滞在して生活している外国人のことを指します。それらの人々が住んでいる地域で受講できる日本語教室で、生活に密着した日本語を学び、地域の日本人とのコミュニケーションが円滑になり、日本人側も地域の外国人に対する理解や交流の機会が増えるという効果もあります。

このように、第二言語としての日本語教育にもさまざまな種類があり、それぞれの特徴があります。

2-4　国語としての日本語教育、継承語としての日本語教育

ここからは、国語としての日本語教育と継承語としての日本語教育について考えます。図1の①と④の部分です。

5　厚生労働省「厚生労働省」https://www.mhlw.go.jp/index.html

　国語は 1-1 でも述べたように、主に日本国内の小学校から高等学校で日本語を母語とする子どもたちへの日本語の教育を指します。ですから日本語の文法を一から学ぶものではなく、日本語で書かれた種々のタイプの文章を深く理解したり鑑賞したりすることを目的とする内容が中心となっています。ただし小学校 1 年生用の国語の教科書[6]を見ると、たとえば「あいうえおの　うた」という課では、それぞれのひらがなの発音を意識させるような練習や、ひらがなの書き方の項目があります。さらに助詞の「は」「へ」「を」を使った文の練習や、聞いた話の要点を友だちに伝える練習などもあり、ことばとしての日本語の基礎知識を学ぶための学習項目があることがわかります。国語教育と日本語教育はその目的が異なりますが、言語の教育という観点からは、国語教育の中でも、日本語教育と共通する内容の指導がおこなわれることもあります。

　また、最近ではグローバル化が進んだ影響で、日本の学校に外国につながる子どもたちが増えてきているため、日本語の基礎的な学習をおこなうための日本語教室が、小学校や中学校などに設置されています。日本語教室で基礎知識を学んだあとは、国語の授業についていけるような指導を受けたり、ほかの教科の勉強に必要な日本語を学んだりします。なお、学校での授業や教科の学習のために必要なことばを「学習言語」と呼んで、日常生活で使う「生活言語」とは区別しています。一般的に生活言語は習得しやすく、学習言語は習得に 5 年から 7 年もの時間がかかるといわれています。

　一方、継承語としての日本語教育では、日本以外の国で、日本人の子どもや両親のうちのどちらかが日本人である子どもが、その国の学校で学びながら日本語も勉強するといったケースが該当します。また、過去に移民として海外に渡った日本人の子孫が南米などに多く存在しており、日系人と呼ばれていますが、その子どもたちが日本語を学ぶようなケースがあります。海外の日本人学校で学ぶ場合には、日本の学校で用いられる教科書と同じものが使われていますので、継承語しての日本語教育にも国語の検定教科書（文部科学省の検定に合格した教科書）が多く使われています。現地の学校で学ぶ子どもたちは、日本語はその子どものアイデンティティに関わることばとして学ぶことになり、外国語教育の性質に近くなります。日本をよく訪問する、あるいは日本人の親

6　小森茂ほか（2019）『新編　あたらしいこくご　一上』東京書籍（文部科学省検定済教科書）

戚との交流がよくあるような場合には子どもも積極的に日本語を学ぼうとしますが、ほかの学習や活動で手一杯になるなど、親が思うように日本語の学習が進まないこともあります。

3
日本語教育のコースデザインと日本語教師の役割

3-1　日本語教育の目的とコースデザイン

　ここまで概観してきたように日本語教育には、それぞれの対象者がいて、それぞれの目的があり、目的によって日本語教育の内容や教え方が異なってきます。それぞれの現場に合わせて日本語教育のコースを計画することを「**コースデザイン**」と呼びます。教育機関で実施するコースの計画を立てる場合などはもちろんですが、厳密には日本語教育の個人指導などの場合でも、コースデザインをおこないます。コースデザインの全体を図2に示します（深澤・本田2019）。

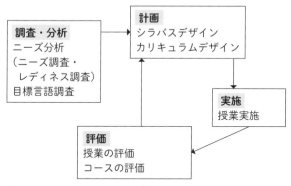

図2　コースデザインのプロセス

　コースデザインで最初にすべきことは、日本語学習者の学習目的を探り、すでにどの程度の日本語能力があるかや学習に必要な事柄の準備ができているか、また必要な日本語の実際がどのようなものであるかについて、調査と分析をすることです。これをまとめて**ニーズ分析**と呼びます。ニーズは学習者だけ

が持っているわけではありません。たとえば、学習者が会社員の場合は、会社がその学習者にどのような日本語力を期待するかによっても、ニーズは変わってきます。技能実習生のように国の方針でこのぐらいの日本語力が最低限必要だと決められている場合もあります。それらのことを総合して、そのコースのニーズが決まることになります。そしてその結果、シラバスやカリキュラムが決まり、教科書が決まり、日本語教師が授業を実際に実施するという流れが続きます。さらに授業実施が終わったら、必ず授業とコースの評価をおこない、またカリキュラムデザインやシラバスデザインに戻り、改善がおこなわれるというサイクルが繰り返されます。

3-2　日本語教育と日本語教師の役割

　次に日本語教育における日本語教師の役割について考えます。日本語教師の大きい役割はもちろん日本語を教えることといえますが、それだけではありませんし、また時代とともにその役割も変化してきています。

　日本語教師の役割にはさまざまなものがあります。みなさんはいくつぐらい思い浮かべられるでしょうか。日本語を教える中にも、日本語の文法を教えることだけではなく、正しい発音やイントネーションの見本を示すこともあります。そして最も重要なのは、ある文型をどのような場面でどのように使うのか、つまり実際のコミュニケーションの中で使えるようになるための知識を教え、練習の機会を作ることです。また、日本文化を教えることもありますし、日本社会の特徴や日本で暮らす際のマナーのようなことを扱う場合もあります。海外で日本語を教える場合には、日本人が周囲にいないことも多く、日本に関する情報を供給するリソースとしての役割や、日本への窓口の役割をすることもあるでしょう。

　日本語教育のコースデザインの全体を前述しましたが、日本語教師はこの中でどこに関わり、どのようなことをするのでしょうか。最初のニーズ調査・分析やカリキュラム作成からコースの評価まで全プロセスに教師が携わる場合もあれば、授業だけの担当をすることもあるかもしれません。コースデザインやコースの実施などのマネジメントを担うだけでなく、日本語学習者を教室外の見学に連れ出したり、ゲストスピーカーを呼んできたりするなど、日本語学習を社会につなぐ仕事も重要です。そして日本語学習者の情意面に気を配って励

ますことや助言をすることも、時には必要になります[7]。

4

新しい教育観と日本語教育

　日本語教育はその時代の言語教育観にも影響を大きく受けてきました。佐々木（2006）は、その時々の時代背景や言語教育観と日本語教育の関係を以下のようにまとめています。

　1960 年代からの時代は、日本語の構造の教育が日本語教育での大きい目的であり、教師主導の教育が主流でした。ところが 1980 年代になると、日本語を学ぶ学習者が多様になり、コミュニケーション重視の教育がなされるようになってきます。学習者のニーズを重視し、学習者にとって必要なコミュニケーションの能力を伸ばすことが大事だという考え方です。学習者自身がロールプレイやペアでの活動を通して学ぶことが重視されます。ここでの日本語教師の役割は、知識を学習者に教え込むことではありません。学習者自身が学びを達成できることが重要だという価値観が主流になってきます。

　その後、グローバル化の流れや、ICT（Information and Communication Technology）の発展により、情報をただ手に入れるのではなく、その情報を用いて課題解決を目指すことが重要だとする「21 世紀型スキル」が重視されるようになりました[8]。課題解決のためには自律的な学習や他人との協働が必要となり、世界的に教育改革がおこなわれるようになりました。日本語教育もその影響を受けており、教師の役割も学習者の積極的で自律的な学習態度を促すことや、学習者同士の協働学習を推進することに移行してきたのです。このように教師の役割は、学習者の学習を促進（facilitate）すること、つまり**ファシリテーター**として支援することが中心だと考えられるようになってきています。

　日本語教育におけるこれらの基本的教育観の大きい変化を、佐々木（2006）

7　文化庁は 2019 年に『日本語教育人材の養成・研修の在り方について（報告）改定版』の中で、日本語教育に関わる人材にはどのような種類があり、それぞれどのような能力が求められるのかを詳しく述べています。
https://www.bunka.go.jp/seisaku/bunkashingikai/kokugo/hokoku/pdf/r1393555_03.pdf
8　国立教育政策研究所（2015）「資質・能力を育成する教育課程の在り方に関する研究報告書 1—使って育てて 21 世紀を生き抜くための資質・能力—」
https://www.nier.go.jp/05_kenkyu_seika/pdf_seika/h28a/syocyu-1-1_a.pdf

は日本語教育・日本語教師養成のパラダイムシフトとして「教育する」→「支援する」→「共生する」という図式で表しています。

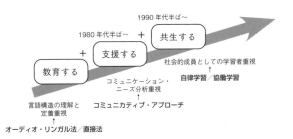

図3　国内日本語教育の大きな流れ（佐々木（2006）「パラダイムシフト再考」）

　日本語教育や日本語教師の役割を考えるとき、この流れを意識し、何を目指していくべきなのかを考える必要があります。

POINT

1　日本語教育は、学習者が日本語を母語とするかしないか、そして国内での教育か海外での教育かという軸で分類することができる。それぞれ「国語」「継承語」「第二言語」「外国語」と呼ばれており、教育の方法も異なる。

2　日本語教育は、時代背景やその時代の教育観などに影響を受け、日本語教師の役割も変化してきた。

まとめタスク

▶　冒頭のキーワードの意味を、クラスメートと互いに説明しあってください。

▶　あなたが今、あるいはこれから関わる、あるいは興味がある日本語教育はどのようなタイプのものですか。図1の中から選んで、具体的に記述してください。

COLUMN 1
日本の日本語教育はガラパゴス？

　もう10年以上前のことですが、海外で実践する日本語教師の方が、「日本の日本語教育はガラパゴス」だと言われたのが印象に残っています。確かに、海外から見ると、日本国内には特徴的な環境があります。たとえば、学習者は日常的に日本語と日本人にさらされ、先生はほとんどが日本語母語話者で、授業では学習者の母語で説明されることはほとんどない、などです。ただ、私はその先生が実践されている国の日本語教育の現状を聞いたとき、私が知っている他国の状況とも大きな違いがあり、日本だけがガラパゴスとはいえないと感じました。

　私が1990年代後半に赴任した中国の内陸部では、日本語の先生はほとんど現地の方で、学習者が日本へ行くことはもちろん、日本人に会うこともほとんどありませんでした。大学で日本語を専攻する学生は現地の日系企業に就職することを目指し、自分と家族の将来のために必死に日本語を学んでいました。そして学生たちが、教科書をひたすら暗唱する学習方法で、流暢な日本語を話すことに驚かされました。

　その後、2000年代に赴任した東欧のハンガリーは、日本語の先生は母語話者のほうが多かったのですが、学習者が日本へ行ったり、日本人に会ったりすることはない環境でした。日本語を使って就職を目指すわけでもなく、遠く離れた日本の、文化や言語への興味関心だけで、熱心に日本語を学習し、特に漢字に強い関心を持つ学習者が多くいました。ヨーロッパにはない言語を学ぶという、知的好奇心を追求する文化の中に、日本語教育がありました。

　海外の日本語教育は、国や地域、教育機関それぞれに大きな違いがあります。当然、日本国内でも、日本語学校、大学、地域の日本語教室などの教育機関、そして留学生、年少者、生活者などのように対象とする学習者、それぞれの日本語教育があり、教師・支援者はそれぞれにまったく異なる対応が求められます。

　「日本国内」という学習環境は、多様な環境のうちの1つでしかありません。どの国・地域の、だれを対象にした、どのような教育機関の日本語教育もそれぞれに異なる特徴があり、それぞれが独自に進化してきた「ガラパゴス」だといえます。

第2章

日本語の知識と
実践への生かし方を
考えよう

この章を理解するための　▶ ▶ ▶　キーワード

▶中間言語、日本語教育文法、国語文法
▶自己モニター
▶ミニマルペア、音読、リピーティング、シャドーイング、VT法
▶リキャスト

　外国語学習における言語の知識は、文法や語彙など、教科書や辞書に説明が与えられているもののことです。非母語話者の読者にはイメージしやすいものかと思いますが、日本語が母語の方は、文字を除いて無意識に身につけているため、イメージが難しいかもしれません。また、日本語教師になるために、日本語の知識として文法や語彙、音声学などを習ったことがある人も多いでしょう。しかし、これらを知っているだけでは、教育実践で効果的に指導することは難しいと思います。この章では、文法と音声の知識を実際にどう指導に生かすのかという実装方法について説明します。

1

言語習得の流れ

普通、私たちは母語を覚えるとき、耳から入ったことばにどのような意味や

機能があるかを頭で理解してはいません。しかし、外国語学習のときは、学習者に言語の知識が意識的に与えられることで、学習が進むことがあります。図1のように、言語知識がはっきりと与えられることで、学習者は自分が受けた（理解できないものを含んだ）インプットに対して、意味・機能と形式との照合をおこなうことができます。そして、自分がこれからアウトプットする前に、頭の中でそれが正しいかどうかを自分でモニターできるようになります。

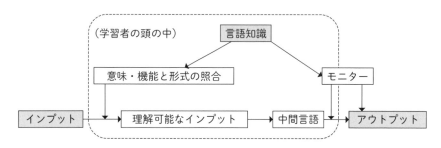

図1　言語習得の流れ（Elis, 1994; 国際交流基金（2010: 14）をもとに筆者改編）

※グレーの部分は教師が直接影響する部分

　以下、日本語学習者のインプットからアウトプットにつながる言語知識の面から、日本語の特徴を見ていきます。

2
日本語の構造を教える

2-1　世界の言語から見た日本語

　日本語を教える前に、日本語が世界のいろいろな言語と比べてどのような特徴があるのか、日本語がどのような部品で構成されているかという言語知識を教えておくと、学習者も自分の言語との違いをイメージしやすくなります。

　世界の言語は膠着語、屈折語、孤立語、の3つに分けることが多いです。

A.	膠着語	<u>彼女が彼を</u>見る	<u>彼女を彼が</u>見る
B.	孤立語	<u>她</u>看着<u>他</u>	<u>他</u>看着<u>她</u>
C.	屈折語	<u>She</u> looks at <u>him</u>.	<u>He</u> looks at <u>her</u>.

日本語は、言語類型で見ると膠着語の要素が多いといわれています。膠着語とは、Aの「彼女が彼を見る」「彼女を彼が見る」のように名詞（や動詞）に助詞などの接辞をつけて文法的な意味を与える言語です。膠着語の要素が多い言語には韓国語、モンゴル語、トルコ語などがあります

孤立語とは、助詞を使わないで語順で文法的な関係を表す言語です。Bの中国語の例のように順番を入れ替えると意味が変わりますが、日本語は助詞が変わっていれば語順を変える必要がありません。孤立語の要素が多い言語には中国語やベトナム語、インドネシア語などがあります。

屈折語とは、名詞や動詞などの語の一部を変化させて文法的な意味を表す言語です。ロシア語やスペイン語、英語、ヒンディー語などは屈折語の要素が多いです。日本語は膠着語の要素が多いというのは、動詞や形容詞などに活用があるため、屈折語の要素も持つからです。そのため、もし学習者の母語が膠着語や屈折語であれば、日本語の中にあるルールについて母語の文法知識が有利に働きます。一方、孤立語であれば、日本語の学習負荷が高くなることが想定されます。

2-2　日本語の語順・語構成を教える

成人で日本語学校や大学で日本語を学ぶような学習者であれば、母語が身についていて、母国で外国語学習をした経験もあることが多いです。そのため、あらかじめ日本語の体系について知ると言語のイメージが相対的に理解できるようになり、あとの習得の助けになります。

そのため、日本語の語順について、大きな特徴として説明する場合は、初めに以下のことを学習者のわかる言語で説明しておくといいでしょう。

1) **基本的な語順は SOV（S：主語）（O：目的語）（V：動詞）になる**
   語順の自由度は高いが、基本的に V（動詞）が最後に来る
   1. 花子が太郎を見る
   2. 太郎を花子が見る
   3. ×見る花子が太郎を
2) **説明される語は説明する語の後ろへ置く**
   4. 私が昨日行った<u>レストラン</u>

　　5.　大きいりんご

3)　**大きいものから小さいものへ並べる**

　　6.　2021 年 10 月 1 日、東京都新宿区歌舞伎町

4)　**省略がある（文脈ではっきりわかる場合）**

　　7.　先生はいますか？　—いません。（先生はいません）

2-3　品詞を教える

　日本語学習者のために必要な文法を**日本語教育文法**といいます。一方、日本語を母語とする人が日本語の体系を理解するための文法を**国語文法**といい、これは日本語教育文法とは別物といえます。品詞は、日本語教育文法と国語文法の差が大きい領域です。日本語を母語とする人は国語教育で品詞を習ったと思いますが、国語文法で習ったような品詞体系を日本語学習者に教える必要はありません。特に初期の日本語学習者が習得、産出しやすい品詞を中心に示すのがいいでしょう。その多くは動詞、形容詞、名詞、助動詞など述語を形成するものです。活用のない自立語である接続詞、副詞、連体詞、感動詞などは教える必要はありません。たとえば、学習初期に「はい」「いいえ」のような感動詞を教えることがありますが、そのときに、感動詞という品詞情報を教える必要はありません。意味を示せば十分です。

　日本語は、動詞・形容詞という品詞によって活用の仕方が変わります。また動詞や形容詞も、動詞のグループ（1、2、3 グループ）や形容詞の種類（い形容詞、な形容詞）によって活用の仕方が変わります。そのため、自分が言いたい語がどの品詞なのか、そして品詞のどのグループなのかという知識がないと、正しく語を活用させることができません。日本語非母語話者にはそうした知識がありません。そのため、辞書形からの簡単な見分け方を提示するといいでしょう。

　動詞については、3 つのグループに分けます（表1）。グループ1、グループ2、グループ3 と呼ぶ場合や、辞書形の終わりの音で u-verb, ru-verb, irregular verb と呼ぶ場合もあります。活用形を覚えるときは、2 グループ（ru-verb）のように、変則ルールが少ないグループを先に覚えてもらうといいでしょう。

　名詞と形容詞については、意味の違いと形の違いによって理解してもらうといいでしょう（表2）。また語種（和語・漢語・外来語か）も手掛かりになり

ます。形容動詞（な形容詞）の7割は漢語です。そして「ラッキー」などの外来語も形容動詞になります。漢語については、「異常な音」「異常がある」など、名詞も形容詞もある場合があるため、「の」と「な」の混乱が起こらないように注意が必要です。

表1　動詞のグループ分け

動詞の種類	辞書形	見分け方
1グループ u-verb 五段動詞	飲む、書く、聞く、話す、ある、わかる	2、3ではないのもすべて
2グループ ru-verb 一段動詞	食べる、見る、開ける、見せる、起きる	-iru/-eru で終わる
3グループ irregular verb 不規則動詞	する、くる、練習する	-suru で終わる -kuru で終わる

表2　名詞・い形容詞・な形容詞の分け方

	例	見分け方
名詞	病気、りんご	意味的に「もの」や「こと」を表す語。助詞「が」「の」が後ろにつく。
い形容詞	大きい、小さい	意味的に性質や状態を表す語。「い」で終わる。和語（日本に古くからある語）。
な形容詞 （形容動詞）	元気、親切、きれい、〜的、ラッキー	意味的に性質や状態を表す語。漢語が多い（全体の7割）。

2-4　動詞の活用を教える

　多くの日本語学習者にとって習得が難しいのが動詞の活用です。通常、「ます形（連用形）」で日本語学習を開始する日本語学習者は、「て形（た形）」「辞書形」「ない形」の3つの活用形を覚えるとき、とても苦労します。みなさんはこの3つの活用形の中でどれが一番難しいと思いますか？

　多くの日本語教科書では「て形」→「辞書形」→「ない形」と導入されます。そのため、「て形（た形）」が一番やさしいと思っている人もいるかもしれ

ません。しかし、この 3 つの活用形の中で一番難しいのは「て形（た形）」
で、一番やさしいのが辞書形です。主な動詞の活用形を表 3 に示します。

表 3　動詞の活用形

		ます形	て形（た形）		辞書形	ない形
1 グループ u-verb	い	買います	買って（た）	う	買う	買わない
	ち	待ちます	待って（た）	つ	待つ	待たない
	り	終わります	終わって（た）	る	終わる	終わらない
	み	飲みます	飲んで（だ）	む	飲む	飲まない
	び	遊びます	遊んで（だ）	ぶ	遊ぶ	遊ばない
	に	死にます	死んで（だ）	ぬ	死ぬ	死なない
	き	書きます	書いて（た）	く	書く	書かない
	ぎ	急ぎます	急いで（だ）	ぐ	急ぐ	急がない
	し	話します	話して（た）	す	話す	話さない
	き	行きます	行って（た）	く	行く	行かない
2 グループ ru-verb		食べます	食べて（た）		食べる	食べない
3 グループ irregular verb		します	して（た）		する	しない
		来ます	来て（た）		来る	来ない

「て形（た形）」は、動詞を 3 つのグループに分けて、さらに複雑な活用を
覚えなければなりません。表 3 にあるように、1 グループの中での活用ルール
も異なるため、覚えることが複雑なのです。

　動詞の活用を覚えるときは 2 グループから導入します。2 グループは「ます」
をとって「て」をつければ活用できます。2 グループを練習し、「て形」に慣
れてもらうといいでしょう。辞書形から「て形」を導入する場合も同じです。

　　2 グループ　食べます　→　食べ＋て
　　　　　　　　食べる　　→　食べ＋て

　次は、3 グループです。「ます形」から「て形」を導入するときは 2 グルー

プと同じように「ます」をとって「て」をつけるだけですが、辞書形から「て
形」を導入する場合は形が変わりますから、それぞれの形をそのまま覚えるよ
うに導入します。

3グループ　します　→　し＋て　　きます　→　き＋て
　　　　　　する　　→　して　　　くる　　→　きて

　その後、1グループの活用ルールを示します。基本的には「ます」の前の音
で活用のルールが変わります。それは、発音しやすくするために分かれている
のです。授業で、2、3グループと同じように「待ちて」「飲みて」「急ぎて」
を作ってみましょう。そして「待って」「飲んで」「急いで」と発音を比べてみ
ましょう。

1グループ　待ちます　→　待ち＋て　→　待って（待つ→待って）
　　　　　　飲みます　→　飲み＋て　→　飲んで（飲む→飲んで）

　みなさんにとって、どちらが言いやすいですか？　実は、日本語では「待ち
て」より「待って」、「飲みて」より「飲んで」のほうが発音しやすいとされて
います。これを音便化といいます。複雑な活用ルールは合理性があるからそう
なっているというのを示すことで、覚えやすくなるかもしれません。また、覚
えやすくするための「て形の歌」[1]がインターネットの動画サイトにいろいろあ
りますので、学習者と歌いながら覚えてもいいでしょう。1グループは辞書形
からでも「ます形」からでも、活用が同じひらがなをグループごとに示して覚
えてもらうことが一般的です。たとえば「いちり（うつる）→って」「みびに
（むぶぬ）→んで」などのようにまとめます。また、1グループの「行きます」
「あります」などは変則的な活用をしますので、分けて説明をします。

2-5　類義表現の教え方

　多くの文法的表現は、類義表現（よく似た意味の文法表現）があります。た

1　「いちりって　みびにんで　きいて　ぎいで……」という歌詞は同じですが、メロディー
　は『さんぽ（となりのトトロ）』『ロンドン橋落ちた』など、いろいろなものがあります。

とえば、以下のような「ようだ」「そうだ」の違いを、どのように教えますか。

1. 雨が降る<u>よう</u>です。
2. 雨が降り<u>そう</u>です。

　文法の違いは『日本語文型辞典』（くろしお出版）などを見て違いを理解することが一般的ですが、違いを見つけるための基本的なルールを覚えておくといいでしょう。

　類義表現の違いは、1）意味の違い、2）形の違い、3）一緒に使われる語（共起語）の違い、4）場面の違い、5）使用者の違い、6）文体の違いからくることが多いです。そして、2つの形式を同じ条件で並べた場合に「どちらかがおかしい例」をできるだけたくさん見せましょう。

　たとえば、上の例であれば、金沢にいる人が、東京の天気予報を見て「東京は雨が降る<u>よう</u>です」とは言えますが、「東京は雨が降り<u>そう</u>です」とは言えません。「ようです」はニュースやほかの人から聞いた情報をもとに客観的に予測するときに使いますが、「そうです」は自分が直接見たり聞いたりしたことから推測することにしか使えません。2）であれば、「降る」は辞書形ですが、「降り」は「ます形」です。3）であれば、「私」と一緒に使えるかどうかが違います。「そうです」は「私は疲れて倒れ<u>そう</u>です」のように言えますが、「ようです」は「私は疲れて倒れる<u>よう</u>です」とは言えません。4）は、フォーマルな場、インフォーマルな場などで使い分けられることがあります。5）は、ニュースのアナウンサーやガイドなどが説明するときは「ようです」を使いますが、通常であれば「みたい」や「そう」を使います。6）は、書きことばと話しことばの違いです。類義表現は、意味機能が違うから別のことばがあることが多いです。そのため、1）〜6）の基準を当てはめて考えると、違いに気づけるようになります。こうした情報に気づくには、頭で考えるだけでなく、その文法が使われている例文を多く見るといいでしょう。国立国語研究所のBCCWJというWebサイト[2]は例文を探すのに便利ですし、中俣尚己氏による共起語をまとめた本もお勧めです（中俣2014）。

2　コーパス開発センター「現代日本語書き言葉均衡コーパス（BCCWJ）」
　　https://ccd.ninjal.ac.jp/bccwj/

2-6　学習者の文法使用傾向とその対応

　日本語学習者が文法の習得を進める際に、どのような学習困難があるのでしょうか。その多くの場合は、1）母語に同じ文法ルールがないこと（表4）、2）日本語であまり明確なルールが提示されていないこと（表5）で起こります。1）、2）両方が原因であることも、もちろんあります。×をつけた例文を正しくアウトプットすることは上級レベルになっても難しいものです。×については8割説明できる単純なルールをまず教え、そのあとで実際の例を示しながら少しずつ例外を導入していくのが効果的でしょう。

表4　母語と文法ルールが異なるために習得が難しい代表的なもの

日本語のルール	例
いる／あるを区別する	×あそこに人があります　→います
結果の状態を表すために「している」を使う	×あの人は結婚しました　→結婚しています ×窓が開いた　→窓が開いています
修飾句を前に持ってくる	×料理日本が好きです　→日本料理 ×映画私が昨日見たはおもしろかった 　→私が昨日見た映画
あげる／くれる／もらうを区別する	×友だちがプレゼントをもらってうれしかった 　→をくれて
視点の統一のために受身形を使う	?父が日記を見て悲しかった 　→父に日記を見られて
話者の背景に応じて丁寧さを使い分ける	×先生が申しました 　→おっしゃいました

表5　日本語であまり明確なルールが提示されていない代表的なもの

日本語のルール	例
「は」と「が」の使い分け	×だれはあなたの友だちですか？　→だれが
自動詞と他動詞を区別する	×電気がつけています　→ついています
「しなかった」「していない」「していなかった」	「嘘をつきましたか？」 ?「いいえ、つきませんでした」 　→「いいえ、ついていません」
助詞の省略。特に「の」をつけるか取るか	×日本友だち　→日本の友だち
いつ「のだ／んです」をつけるか	「ご職業は？」 ?「私は会社員なんです」　→会社員です

　文法を単純なルールで示す方法については、庵功雄氏の本が参考になります（庵 2017）が、特に使い分けが難しいものの代表として、助詞の「は」と「が」があります。使い分けられるようになるためにいろいろなルールを覚える必要があります。日本語文法を習ったことがある人は、「「N が」の N は初めて話題にする情報を表し、「N は」の N は一度話題に出た古い情報を表す」と習ったかと思います。しかし、実際に日本語を教える場合、まず単純なルールとして「基本的に文の主語は「は」で言う」と示すほうが、学習者の負担がなくていいと思います。そして、下の場合は「が」を使うと教えることで、8 割〜9 割の正確さで使うことができます。

・疑問の語（「だれ」「何」）と一緒に使うとき（だれが来る？）
・疑問の語（「〜が」）を使った質問に答えるとき（山田さんが来る。）
・目の前のこと・気持ちを表現したいとき（猫がいる！　水が冷たい！）
・「好き」「わかる」「得意」などの対象を言うとき（紅茶が好き。）
・「〜は〜が文」を使うとき（これは私が好きな料理です。）

3

日本語の音声

3-1　音声教育の考え方

　音声習得は、学習者の発音に対する教師のフィードバックがあったほうが効果的といえる領域です。音声には学習者の母語の影響が多く見られ、学習者の**自己モニター**（自分で自分の産出がどのようになっているか意識できる）が働きにくいためです。

　全体的な指導方針としては、まず、適切に日本語の音声の全体像を言語知識として提示することが大事です。そして適切なインプット（モデル発音）を与え、学習者の発音とモデル発音との違いが明確になるよう提示し、違いを学習者自身でモニターできるように指導します。

　たとえば「やま」という発音を「じゃま」と発音する学習者には「やり／じゃり」「そうや／そうじゃ」のような、「や」と「じゃ」の音だけが違う単語ペアをいくつか与え、違いがあることに気づいてもらう方法や、口の中の絵

（口腔図といいます）を描き、舌の位置がどこにあるかを示して2つの音の違いをモニターできるようにする方法があります。

　次に、発音の産出方法を説明し、産出できるように支援しましょう。産出は、すでにできている発音で、できていない発音に近い発音があれば、その発音から近づけるように指導するといいでしょう。

　また海外で日本語音声を教える場合、母語話者のインプットが得にくい、母語話者教師によるモデル提示が難しいといった問題があります。そのこともあり、音声指導がおこなわれにくい傾向があります。しかし近年はインターネット動画などで日本語母語話者の音声が簡単に紹介できるようになりました。音声教育のためのリソースも、「OJAD」（オンライン日本語アクセント辞典）など[3] いろいろなものがあります。そのため、非母語話者教師であっても、モデル発音を提示し、発音に注意を促す指導は可能です。

　なお、学習者は頭の中でどんな発音かイメージできていても、そのとおりに発音できない場合がよくあります。通常、日本語の発音を身につけようとしている段階ではいろいろな発音が現れます。多くの場合は学ぼうとしている言語と母語の影響の両方の影響を受けた発音になります。そのような音声を**中間言語**といいます。日本語では「（お国）なまり」という言い方をすることもあります。中間言語は音声だけでなく文法でもあります。

　ここで大切なことは、教師が学習者の中間言語を否定的にとらえないことです。初めての導入のとき、意味理解に大きな妨げとなる産出であったとき、そして学習者の発話全体をフィードバックしているときのような、発音に意識を向けさせてもよいタイミングのときに、発音について指導するのはよいかと思います。しかし、過度な訂正行為は避けたほうがいいでしょう。なぜなら、発音は頭では理解できていても、なかなか変わりにくい部分だからです。あまり意識させすぎると、ネイティブ（母語話者）のような発音ができないことを苦にして発話をやめてしまうこともあります。そのため、音声指導の目標として2つのことを心がけましょう。1つは日本語社会で広く受け入れられている発音と学習者の発音を明示的に対比し、その発音がどのように受け入れられるかの情報を与えること、もう1つはその発音をおこなうための方法を指導し、

3　東京大学大学院工学系研究科峯松研究室・情報工学系研究科廣瀬研究室「OJAD」
　http://www.gavo.t.u-tokyo.ac.jp/ojad/

学習者が自分の発音をモニターできるようにすることです。その発音をどこまで身につけたいかは、学習者がどんな日本語の使い手になりたいかに応じて、学習者が決定すればいいと考えます。たとえば、日本語の声優になりたいのであれば、日本語らしい発音ができたほうがいいでしょう。日本企業を相手に商談をして日本語で交渉を有利に進めたいといった場合は、日本人に誤解なく理解してもらえる発音がいいでしょう。研究留学生や技能実習、就労現場で働く日本語使用者であれば、それほどなまりを変えなくてもよいかもしれません。

3-2　単音とひらがな

　多くの場合、日本語の発音はひらがな 50 音表の導入からおこなわれます。ひらがな 50 音のスタートは「あいうえお」ですね。これは母音といわれます。母音とは、のどで作られた音が何にも邪魔されずに出てきた音のことです。そして「かきくけこ」「さしすせそ」と続きます。これらは子音といわれます。子音とは、口の中で出す息が何かに邪魔をされて作られる音です。ひらがな表の下にローマ字が書いてある場合は、それを見ると縦の列と横の行が子音と母音の組み合わせで構成されているように見えます。しかし、この 50 音表によって日本語の音韻体系（意味の違いに関わる音の違い）を教える際、注意することがあります。子音の区別は調音点[4]、調音法[5]、有声／無声で区別されますが、ひらがな 50 音はこの区別や対立を正しく反映していません。同じ行（例：カ行、サ行）でも、調音点と調音法が異なるものがあります。そのため、教えるときにどこに一貫性がないかを指摘する必要があります。

　たとえば、サ行を同じ調音点で発音した場合は「サ・スィ・ス・セ・ソ」になります。しかし 50 音表では「スィ」（歯茎）が「シ」（歯茎硬口蓋）になっています。また、タ行を同じ調音点と調音法で発音した場合は「タ・ティ・トゥ・テ・ト」となります。しかし「ティ」（歯茎破裂音）は「チ」（歯茎硬口蓋破擦音）、「トゥ」（破裂音）は「ツ」（破擦音）になっています。

　また、母語によって、母音も異なることがあります。日本語の「あ」と外国語の「あ」の音は同じとは限りません。図はベトナム語の母音を表していますが、日本語の「あ」にあたる音はなく、ほかの「あ」にあたる音が 3 つある

4　発音するとき、舌が口の中にあたる位置。歯にあたると歯音、歯茎だと歯茎音。
5　発音するときの口からの空気の出方。閉鎖すると閉鎖音、摩擦すると摩擦音。

のがわかります（図2）。

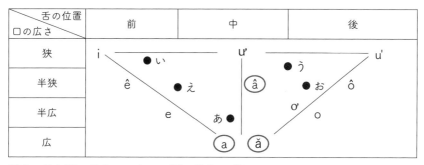

図2　日本語の母音とベトナム語の母音のずれ

　そのため、可能であれば、日本語の母音と母語の母音がどう重なり、どうず
れているかを図で示すといいでしょう。そして、日本語の母音は、全体的に舌
を後ろに引いて発音されることをイメージしてもらうといいでしょう。小さい
丸い飴のようなものを舌の上においてもらい、飴が落ちないように「あいうえ
お」を言ってもらうのも効果的です。「い」「え」は日本語でも前舌になります
が、飴が落ちないように発音できます。また、日本語の母音は基本的に唇を丸
めて発音しません。これを非円唇音といいます。「お」だけは唇を丸める音
（円唇音）ですが、丸めすぎません。日本語の母音のそれぞれの唇の絵を描い
て、特徴を示すのも効果的です。

　また、日本語にはある子音が、学習者の母語にはない場合があるため、学習
者の母語がわかっている場合は、母語になくて日本語にはある音が聞き分けら
れるように指導しましょう。たとえば、日本語の有声／無声は文字でも区別さ
れます（パ行とバ行、カ行とガ行など）。しかし韓国語や中国語などは、この
区別がありません。この場合は「はば」「ひび」「びひん」など、対立が含まれ
ることばを聞かせながら聞き分けの練習をしましょう。

　よく言われていることですが、学習者の母語にない子音は聞き分けや発音が
難しくなります。特に「ツ」は学習者にとって発音しにくい音で、「チュ」や
「トゥ」となる学習者が多いです。「ツ」は破擦音ですから、まず「スー」と伸
ばして発音してもらいながら舌先を歯の裏に当て閉鎖と開放を繰り返してもら
い、あとで母音をつけるといいでしょう。母語に「ツ」に近い発音の語があれ

ば紹介したり、口の中の絵（口腔図）を描いて舌の位置や動きを示したりする
ことも効果的です。口腔図と主な調音点を図 3 に示します。

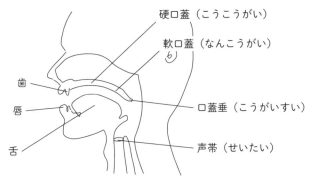

図 3　口腔図と主な調音点

3-3　単音・韻律の指導

　50 音表の導入が終わったら、単語や文レベルで日本語の音声の指導をします。その際、単音の指導と、韻律の指導とに分けて考えると効果的です。

　単音は意味の区別に関わる一つひとつの音の違いで、まちがえると、1）の「はな」と「あな」のように違うひらがなになってしまいます。

　韻律は日本語の場合、連続する単音に高低差や長短の差があることで、ことばの意味や印象が変わるようなことを意味します。たとえば、2）の「おじいさん」「おじさん」のように長い音と短い音で意味が変わるような場合、母語の強いアクセントの影響で「やま'ーださん」（'は強く読むアクセント）のように強く「ま」を発音することで「まー」と長音化する場合（英語圏の話者に多い）、3）のように CV「さ」（子音＋母音）を CVC「さっ」（子音＋母音＋子音）にすることでリズムが乱れる場合（ベトナム語話者に多い）があります。

〈単音の不自然な発音例〉

1）<u>あな</u>（花）を買いました。

〈韻律の不自然な発音例〉

2）<u>おじさん</u>（おじいさん）は 80 歳です。

3) やま‘ーださん（山田さん）はいますか？

4) 本をに　さっ　つー（二冊）買いました。

5) スタッフ：ホテルを掃除しておきました。

　　客：そうですか↗（↘）。ありがとう。（イントネーション）

6) あめ‘（あ‘め）が降っている。（語アクセント）

　日本語で韻律が違うことで意味が変わるというのは、特殊拍（「てんき（天気）」「てっき（鉄器）」「てーき（定期）」）と、語のアクセント（「はし＝橋」と「はし＝端」）の場合が多いです。こうした差に意識を向けてもらうために、**ミニマルペア**（1つの音素だけが違う対）を作って2つの聞き分けの練習をさせると効果的です。ペアワークなどで、相手がどちらを言ったかを当てる練習をすると、相互モニターの力がつきます。代表的なミニマルペアは、以下のようなものです。

1)	まめ mame	だめ dame		m と d
2)	べんり benri	ばんり banri		e と a
3)	だいがく daigaku	たいがく taigaku		d と t
4)	おばさん obasan	おばあさん obaasan		a と aa

　また、ミニマルペアではないですが、同じ形式でイントネーションの変わる文を3つ用意して、ペアに分かれて読みあう練習なども効果的です。たとえば、下の6）のように「か」を上昇調で「そうですか↗」と言うと不同意を意味しますので、相手への印象が変わる場合があります。そのため、日本語はどのような韻律に載せて発話するかで、意味や相手への印象が変わることがあることに気をつけましょう。

5)	A 今日の会議は中止だそうですよ。	B そうですか↗	中立的
6)	A 今日は暑いですね。	B そうですか↗ 私には寒いです。	不同意
7)	A 無事に退院しました。	B そう↘ですか。よかった。	驚き、喜び

　ほかに、音声の練習法として有効とされているものを表6にいくつか示します。通常、日本語の授業でおこなわれるのは**音読**と**リピーティング**です。しかし、みなさんにはぜひ**シャドーイング**に挑戦してもらいたいと思います。シャドーイングは、話すスピード、聞き取りの力、イントネーションなどの韻律の自然さなどに効果があるといわれています。学習者の好きなアニメの声優のシャドーイングなどをおこなうと楽しくできると思います。また **VT 法**（ヴェルボ・トナル法）も効果的です。シャドーイングも VT 法も、大切な点は発話を部分でなく全体としてとらえ、口と頭だけでなく体全体を使って学ぼうとしていることです。ことばが使用されている状況や物語、社会の中で発音をとらえられるといいと思います。シャドーイングに慣れてきたら、クラスでの演劇活動もおすすめです。感情的な音声は教科書による教室学習では身につきにくいです。ぜひ、大声で、全身で日本語のパフォーマンスをしてみてください。

表6　音声の練習方法の例

音声の練習方法	練習内容
音読	モデル音声なしで、スクリプトを見ながら読む方法。
リピーティング	一定の長さのモデル音声を聞いたあと、声に出して復唱する方法。
マンブリング	モデル音声を聞きながら、小さな声でつぶやいて真似をする方法。シャドーイングへ移る前に多く使う。
パラレル（シンクロ）・リーディング	スクリプトも見ながらおこなうシャドーイング。文字と音韻の対応関係も意識しながら発音練習をする。
シャドーイング	モデル音声のスクリプトを見ないで、音声を聞きながら同時に発音する方法。映像や教師の口の動きなどは見ることができる。文字と音韻の対応関係は意識せず、韻律的特徴など全体的に真似することを意識する。
VT 法（ヴェルボ・トナル法）	発音を学ぶときに、体を動かしながら覚える方法。発音に合わせて、手を動かしたり、歩いたりする。

4

意欲的な学習者を育てる

　文法も音声も、辞書や文法書に書かれている言語知識のルールの教育にとら

われすぎず、伝わる日本語をたくさん書いたり話したりすることを指導の中心に置いたほうがいいでしょう。習得の過程で、不自然な産出が出るのは当然です。最初から上手にできる人はいません。そして多くの場合、習得が進むにつれて不自然さは減っていきます。発音や文法をまちがえたから理解してもらえなかったという学習者の話は、実はあまり聞きません。

　不自然な発話があったときは、**リキャスト**のように相手の発話を正しい言い方に言いなおして繰り返すほうがいいでしょう。リキャストとは、学習者の不正確な発話を、教師が学習者のもとの発話の意味を変えずに、適切に言いなおすことを指します《➡第7章参照》。学習者が安心してまちがえることのできる雰囲気づくりが教室活動では大切ではないかと思います。多少不自然でも、意欲的に話そうとする学習者を育てることを大切にしてほしいと思います。

POINT

1　学習者が言語知識や意味機能を理解し、モニター力を高められるように指導することが大切である。

2　言語知識の指導はやさしいものから複雑なもの、単義的なものから多義的なものを教えていく。文法は母語との違いを説明して理解を促す。

3　教師は学習者の産出に完璧さを求めず、おおらかに習得を見守る。

まとめタスク

▶　冒頭のキーワードの意味を、クラスメートと互いに説明しあってください。

▶　「ようです」「みたいです」はどう使い分けられているかを考え、学習者に説明するための案を考えてみましょう。

▶　ひらがなを初めて教えるとき、音声面では、どこに注意すればいいですか。

COLUMN 2
正しい日本語とつながる日本語

　ブラジル国籍のＡさんは、ご両親とともに来日し、日本の中学校に入学しました。しかし日本語がわからず、クラスでひとりぼっちで過ごしていました。「日本語がわかるようになれば、友だちになれるかな？」と思ったＡさんは、一生懸命に日本語を勉強しました。そして、半年くらい経って、ようやく日常会話が話せるようになったときに、クラスメートと好きな音楽の話をする機会がありました。そこで、Ａさんは大好きなブラジルの歌手の話をしました。しかし、まったく興味を持ってもらえなかったそうです。クラスメートたちが好きな音楽も、自分の知らないものばかりでした。がっかりしたＡさんは、そこから日本語の勉強をやめてしまったそうです。

　この出来事は、人と人がつながるときにはことばがわかるだけでは不十分で、つながることができる中身が必要だということを表しているように思います。逆に、ことばは違っても好きなゲームなどが同じで親しくなったというような人たちは、世界中にいると思います。つながりが深まったことからお互いのことばの学習を始めることもよくあります。

　日本語教師をしていると、教える内容や到達目標が先にあることから、その内容を覚えてもらって、使えるようになってもらいたいと思いがちです。私はそうでした。教えたことが正しくできることが学習の成功と思っていました。そのため、学習者の日本語習得がうまくいかない原因を早く見つけ、訂正し、改善できるような助言や指導をおこなってきました。そのことも教師の大事な役割だと思います。しかし、最近は、習ったことばが、その人のことばの学びの先にある幸せな人生と結びついているかどうかが大事だと思うようになりました。そのため、教師には「なぜ日本語が使えるようになりたいのか」「だれとつながるために日本語を学ぶのか」といったことを学習者とともに考え、学習者の生き方とことばの学習がうまくつながるよう、学習環境づくりに取り組んでもらいたいと思います。

第3章

教授法の変遷と
日本語教育の教材を
知ろう

この章を理解するための ▶ ▶ ▶

▶自然習得、文法訳読法、アーミー・メソッド、オーディオ・リンガル・メソッド
▶コミュニカティブ・アプローチ、学習者中心主義
▶「ポスト教授法」の時代、シラバス、総合型教科書、文型積み上げ式
▶傾聴する、ティーチャー・トーク、語彙のコントロール

この章では、外国語教授法の歴史について学びます。そして、現在の教授法を考える際に重要な要素となるシラバスや「日本語教科書」と教授法の関係について考えます。

$$1$$

外国語教授法の歴史と「ポスト教授法」の時代

1-1　長く続いた自然習得と文法訳読法の時代

　旧約聖書の「バベルの塔」の挿話は、人類の言語が今のように多数に分かれた理由を説明しています。おそらく、人々は、遠い昔から人類の話す言語が1つではないことに不便を感じていたのでしょう。

　ところが、第二言語の「学習法」や「教授法」という概念が生まれたのは、

それほど昔のことではないと思われます。というのは、外国語を学習するための教材や教具が発明されるまで、第二言語をマスターする方法は、母語習得と同じく**自然習得**[1]しかなかったからです。

　自然習得の時代が長く続いた理由は、言語とそれを話す人を切り離すことができなかったからです。文字と紙（と印刷術）が発明されてから、やっと言語だけを持ち運び、離れた場所で「学習する」ことが可能になったのです。最初に学習対象とされたのは、宗教や自然哲学（科学）に関する文章だったでしょう。やがて、学習のために辞書や文法書が作られるようになると、それらを使って古典を読む練習がおこなわれるようになりました。これが**文法訳読法**という教授法です。

　その後、何世紀もの間、文法訳読法の時代が続きました。なぜかというと、文字のほかに言語を記録する技術がなかったからです。長い間、第二言語の教育は「読むこと」と「書くこと」を中心におこなわれていました。

　19 世紀末になって、やっと音声に焦点を当てた教授法が考案されはじめました。表 1（p. 36）にあるナチュラル・メソッドがそれです。

1-2　アーミー・メソッドからオーディオ・リンガル・メソッドへ

　1939 年から 1945 年まで続いた第二次世界大戦では、アメリカの軍隊で日本語教育がおこなわれました。日本軍の動向についての情報を得ることを目的とした日本語教育です。

　戦場においては「聞くこと」「話すこと」によって情報を得ることが重要です。そのため、まったく新しい教授法が開発されました。それは、音声によるドリル《➡第 5 章参照》と会話練習を中心とするものです。

　これは、アメリカ軍の日本語学校で実施されたことから**アーミー・メソッド**と呼ばれます。アメリカ合衆国の日系移民の中から選ばれた日本語母語話者が音声練習の相手を務めるインテンシブ（短期集中）プログラムでした。

　1945 年に第二次世界大戦が終わると、第二言語教育の需要が大きくのびま

1　人が母語を習得（獲得）するときには、特に意識したり、努力したりしなくても「自然」に習得できてしまいます。このような学習を経ない言語習得を「自然習得」と呼びます。ただし、第二言語が母語とまったく同じように自然習得できるかどうかという点には、さまざまな議論があります。

した。戦争中に開発されたジェットエンジンを使った大型旅客機が作られ、国際的な交流の機会が飛躍的に増加したからでした。

　このとき、第二言語教育の需要に応えたのは、テープレコーダーと**オーディオ・リンガル・メソッド**による音声教材です。オーディオ・リンガル・メソッドは、アーミー・メソッドから発展した教授法で、学習言語を単純な文型から複雑な文型へ配置し、パターン・プラクティス（ドリル）《➡第4章参照》を繰り返して習得していきます。文型の配列は構造主義言語学[2]、ドリルの構成は行動主義心理学[3]の研究成果を取りいれたものでした。

　オーディオ・リンガル・メソッドは、カセットテープという教材とテープレコーダーという教具をセットにして市販され、商業的に大きな成功をおさめました。言語教育が「産業」として意識されるようになったのは、このオーディオ・リンガル・メソッドの成功がきっかけでした。

1-3　さまざまな「教授法」が開発された時代

　オーディオ・リンガル・メソッドの成功をみて、多くの言語学者や心理学者が、競って外国語教授法を提唱しました。特に1970年代は「教授法の時代」でした。

　次の表1は、この時期に提唱された著名な教授法です。具体的にどのような教授法であるかを知りたい人は西口（1995）、田崎・佐野編（1995）などを参照していただきたいと思います。どの教授法も、提唱者の研究成果や教育経験にもとづき、その教授法をおこなうことによって、ほかの教授法では得られない優れた効果がある、としていました。

　しかし、この中で広く普及した教授法は、**コミュニカティブ・アプローチ**だけだといっていいでしょう。しかも、後述するとおり、コミュニカティブ・アプローチは、オーディオ・リンガル・メソッドのような純粋の「教授法」とは、少し異なる内容でした。

2　言語には構造があるという理論です。その構造を単純なものから複雑なものに配置して学習する、という考え方に発展しました。
3　人間の行動は、刺激に対する反応が習慣化して形成されるという考え方です。刺激を繰り返して発話を習慣化するというパターン・プラクティス（ドリル）を生みました。

表 1　さまざまな教授法

ナチュラル・メソッド

◇子どもの母語習得にヒントを得て「直接法」を採用した教授法の総称。音声教育を重視した初めての外国語教授法でもある。

名称	考案者	考案された年代	備考
サイコロジカル・メソッド（シリーズ・メソッド、グアン法とも呼ばれる）	フランソワ・グアン	1800 年代中頃	日本語教育では、山口喜一郎が台湾での日本語教育に採用したことで有名。「グアン式」
ベルリッツ・メソッド	M.D. ベルリッツ	1890～1990 年	－

第二次世界大戦前後に開発された外国語教授法

◇世界大戦の前後には、構造主義言語学と行動主義心理学を理論的な基礎とし、技術の進歩と国際的なコミュニケーションの緊密化を背景に革新的な外国語教授法が提唱された。

名称	考案者	考案された年代	備考
アーミー・メソッド（ASTP）	C.C. フリーズ	1940 年代	－
オーディオ・リンガル・メソッド		1950 年代	アーミー・メソッドを発展させた教授法。

ヒューマニック・アプローチ

◇ 1970 年代には、学習者の心理状態を重視する人間中心主義の立場から、主に心理学者がさまざまな外国語教授法を提唱した。

名称	考案者	考案された年代	備考
サイレント・ウェイ	カレブ・ガッテーニョ	1970 年代	－
CLL（コミュニティ・ランゲージ・ラーニング）	チャールズ・A・カラン	1970 年代	－
TPR（全身反応教授法）	ジェームズ・A・アッシャー	1970 年代	－
サジェストペディア	ゲオルギー・ロザノフ	1980 年頃	－
VT 法（ヴェルボ・トナル法）	ペタル・グベリナ	1950 年代中頃	障碍者の発音指導のために考案され、後に外国語の発音指導にも応用されるようになった。

「メソッド」から「アプローチ」へ

◇ 1970 年代後半からは、メソッド（教育の方法）からアプローチ（学習観、教育理念）へと教授法の概念が変化していった。

名称	考案者	考案された年代	備考
コンプリヘンション・アプローチ	ハリス・ウィニッツ	1980 年頃	「聴解アプローチ」
ナチュラル・アプローチ	トレイシー・テレル、スティーブン・クラッシェン	1970 年代後半-1980 年代初頭	クラッシェンの「モニター仮説」を取りいれた。
コミュニカティブ・アプローチ	特定の提唱者はいない	1970 年代-1980 年代	コミュニカティブ・アプローチが発展し、現在もさまざまなアプローチが考案されている。
タスク重視のアプローチ（TBLT）		1980 年代以降	
内容重視のアプローチ（CBI、CLIL）		1980 年代以降	

※考案者や年代には、いくつかの説があるものもある。

　コミュニカティブ・アプローチ以外の多くの教授法が普及しなかった理由
は、教師に特殊なスキルを要求する、コースを最初から最後まで1つの教授
法で教えることが難しい、人件費や設備費が高くコスト的に引き合わない、な
どの欠点があったためです。しかし、TPR（Total Physical Response: 全身反
応教授法）[4]のように、その方法が、現在でも教室活動の一部に取りいれられて
いるものもあります。

1-4　コミュニカティブ・アプローチと「ポスト教授法」の時代

　コミュニカティブ・アプローチは「授業の内容をコミュニケーション化す
る」「練習をコミュニケーション活動として位置づける」という目標を持って
授業がおこなわれます。これは、オーディオ・リンガル・メソッドに対するア
ンチテーゼ（対立命題、対立意見）として生まれたものです。

　というのも、オーディオ・リンガル・メソッドで繰り返しおこなわれるドリ
ルは、コミュニケーションとはいえません。刺激とそれに対する反応を何度も
反復練習することによって、行動主義心理学の理論にもとづき「いちいち考え
なくても反射的に応答できるようにする」ことがドリルの目標だからです。

　しかし、第二言語を学ぶのは、他者と「意味のあるコミュニケーション」を
するためです。それなのに、コミュニケーションから切り離された反復練習を
繰り返してもコミュニケーションができるようにはならない、というのがコ
ミュニカティブ・アプローチの主張です。そして、この主張に賛同する人が多
かったため、コミュニカティブ・アプローチが新しい教授法として脚光を浴び
たのです。

　ただ、オーディオ・リンガル・メソッドがドリルという練習法に裏づけられ
た教授法なのに対し、コミュニカティブ・アプローチでは、オーディオ・リン
ガル・メソッドのように具体的な練習法や学習の手順が提示されていませんで
した。

　まもなく、コミュニカティブ・アプローチによる授業を実現するためには、
クラスのメンバー間にコミュニケーション・ギャップを作るような教室活動が
有効である、という提案がおこなわれました。その結果、ロールプレイやコ

4　教師の発話（指示）に従って、学習者が行動する練習法です。学習者は発話しなくと
　も、聴解→身体運動によって言語習得ができるとしました。

ミュニケーションゲーム、タスク学習（TBL: Task Based Learning）などの練習方法が考案され、授業に取りいれられることになりました。

　しかし、それらの練習方法の選択やその手順は、教師に任されています。したがって、ロールプレイを重視する教師もいれば、ロールプレイは学習者の自発的なコミュニケーション行動ではないとして、タスク学習に力を入れる教師もいます。

　言い換えれば、それまでの教授法は、マニュアル的な色彩が強かったのです。「この方法を使って、この手順で教えると、ほかの方法より短期間に、より高いレベルまで習得できます」と具体的な方法と手順を示していました。

　コミュニカティブ・アプローチも発表された当初は、オーディオ・リンガル・メソッドと同じような教授法だと考えた日本語教師が多かったのです。しかし、まもなくコミュニカティブ・アプローチは「第二言語教育はこうあるべきだ」という「理念」を提示しているのであり、それまで提唱されてきた教授法とは、次元が異なることが理解されるようになりました。

　コミュニカティブ・アプローチという「教育理念」が普及するにつれて、外国語教育では、それまでの教授法に代わって、教育理念が主張されるようになりました。CEFR に見られる複言語主義や Can-do statement など《➡第 6 章参照》も、広い意味で教育理念の 1 つだといってよいと思います。

　こうして、教授法の時代は終わり、「**ポスト教授法**」**の時代**がきました。つまり、外国語教育の「メソッド」（method）を教師が単純に実行するのではなく、提示された「アプローチ」（approach）をもとに教師が自分で授業の方法を考える時代が来たのです。

2
シラバスと教科書

2-1　教授法からシラバスの時代へ

　「ポスト教授法」の時代、教師は、各自の教育理念にしたがって、それを具体化していく授業の方法を考えていくようになりました。そこで強く意識されるようになったのが、**学習者中心主義**という考え方です。

　学習者中心主義は、文字どおり「それぞれの学習者に合わせて教える」とい

う意味だと考えていいでしょう。これは、当然のことのような気がします。しかし、それまでの、さまざまな教授法は「どのような方法で教えるか」ということを提唱するだけで、個々の学習者へ向けられる視点、つまり、どのような人が、何のために第二言語を学びたいのか、学ぶのか、ということを考えていませんでした。

　しかし、教師が自身の授業を考えるときには、まず、担当するクラスの学習者に「何を教えればよいか」ということを考えます。これが、学習者中心主義という考え方の基本です。そして、学習者中心主義が強く意識されるようになると、教授法と**シラバス**の関係が変化していきました。

　日本語教育では「シラバス」ということばが、2つの異なった意味で使われています。

　一般的にシラバスというのは、コースの目的、目標、毎時間に教える項目のリスト、使用する教材、評価の方法などを簡潔にまとめたもの、いわばコースの見取り図です。これは、日本語教育以外でも使われる用法です。

　それに加えて日本語教育では、学習項目をどのようにまとめ、並べていくかという分類方法を指すときにも、同じ「シラバス」という用語を使います。このような分類方法を指す場合には「構造シラバス」とか「場面シラバス」という名称がつけられます。日本語教育でよく使われる（分類方法としての）シラバスを表2（次ページ）に示しました。

　学習者中心主義が意識されるようになるまでは、どのような教授法を採用するかによってシラバスが決められました。しかし、「ポスト教授法」の時代に入り、学習者中心主義が主流となると、その順序が逆転し、シラバスを決めてから教授法を考えるようになりました。まず、クラスの学習者を見て、彼／彼女の学習目的を知り、コースの目標（ゴール）を決め、教える内容を決め、そのあとでそれを教える方法を考えるのが自然だからです。

表 2　代表的な日本語教育のシラバス

シラバス名	観点	特徴
構造シラバス（文法シラバス）	目標言語が、学習すべき文法項目や文型という観点で整理される。具体的には「わたしはスミスです」「これは本です」などのように文型が並ぶことが多い。	単純なものから複雑なものへ、易しいものから難しいものへ、などのような「積み上げ式」に配列される。
場面シラバス	目標言語が使用される場面という観点で整理される。具体的には、レストラン、郵便局、銀行などのような場所で分類されることが多い。	レストランという場面で必要になる語彙や表現などを学んでいく。必ずしも文型が積み上げ式のように配置されるとは、限らない。
機能シラバス	目標言語が持つ機能という観点で整理される。具体的には「依頼する」「誘う」などの言語の機能がまとめられる。	「依頼する」という機能の中に「〜てください」「〜ていただけませんか」などさまざまな表現が含まれる。
技能シラバス	言語技能の観点から整理される。一般的に「聞く」「話す」「読む」「書く」の四技能から構成される。	「読む」という技能が「カタカナを読む」「文を読む」「メニューを読む」「新聞を読む」などさまざまに整理される。
トピックシラバス（話題シラバス）	話題という観点から整理される。たとえば「家族」「教育」「環境問題」など、さまざまな話題が含まれる。	学習者にとって身近な話題から始め、しだいに社会性のある話題が取りあげられる。
Can-do シラバス	目標言語を使って、何ができるようになるかという観点で整理される。たとえば「友達を誘うことができる」「好きな食べ物について話すことができる」といった項目が並ぶ。	コミュニケーション行動が重視され、特定の場面である行動ができるようになるために必要な語彙や文型を提示する。

深澤・本田（2019: 71）より、一部改編

　シラバスが決まると、教師は、各学習項目についてどのような教え方をするか、ということを考えていきます。それぞれの学習項目をできるだけ効率的に学び、使いこなせるようになってもらうために、さまざまな方法を組み合わせていくことになるでしょう。たとえば、「最初はできるだけたくさんドリルを繰り返し、しだいに会話練習を増やしていって、後半はロールプレイを中心にしよう」、授受動詞を教えるときは「コミュニケーションゲームをしよう」といった具合です《➡第 4 章、第 5 章参照》。

　このように学習者中心主義の考え方が普及するにつれ、ただ1つの教授法によるのではなく、クラスを担当する教師が、それまで提唱されてきたさまざまな教え方を組み合わせ、最も効果的な授業を作っていくのが一般的になりました。

2-2　シラバスと教科書の関係

　学習者にあわせてシラバスを作り、授業のプランを考えるといいましたが、教師が白紙の状態からシラバスを考え始めるということは、あまりありません。第1章で述べたとおり、学習者が日本語を学習する目的はさまざまですが、大きくいくつかに分類することができます。分類されたグループごとにだいたい同じシラバスが使えるため、既成のシラバスがあれば、それをアレンジして使うことができます。

　そのようなシラバスと各項目で教える内容を一冊にまとめたものが日本語教科書です。いわゆる四技能をバランスよく伸ばすことを目指した教科書を**総合型教科書**と呼びます。現在、出版されている総合型教科書の多くは、特定の学習者を想定して作られています。たとえば、どの教科書も「はじめに」などを読むと、日本の大学に進学する人向け、技能実習生向け、日本で生活する人向け、とその教科書の学習者や学習目的が明記されています。それは、シラバスを基礎において教科書が作られているからです。

　しかし「教授法の時代」の教科書は、そうではありませんでした。たとえば、1981年に国際交流基金が『日本語初歩』という教科書を出版しました。この教科書は、オーディオ・リンガル・メソッドという1つの教授法に厳密に準拠して作られています。しかし、学習者や学習目的についての考慮は、まったくされていませんでした。学習者を限定せずに全世界でどんな人でも使える教科書として作られたのです。

　かつては、このように学習者と学習目的をあえて特定せずに作られた教科書を指す「汎用教科書」ということばがありました。1950年代から1970年代までに作られた日本語教科書には、このようなタイプの教科書が数多く見られます[5]。

5　代表的なものに、長沼直兄『改訂標準日本語読本』や、国際学友会『日本語読本』、東京外国語大学附属日本語学校『日本語』などがあります（吉岡編2008）。

　しかし、現在では「汎用教科書」ということばどころか概念自体がなくなってしまいました。その集大成として作られた『日本語初歩』もすでに絶版になっています。

　クラスを担当する教師が、学習者に合わせて、最も適切だと考えられるシラバスを採用すると 2-1 で述べましたが、実際には、学習者に合わせた教科書の選定という形でシラバスが決まり、それぞれの学習事項について、教師が教え方を考えていくというのが、現在の日本語教育の主流になっています。

2-3　教科書の構成とシラバス、そして学習者

　では、いくつかの教科書を取りあげて、それぞれ、どのような学習者を想定し、どのようなシラバスを使っているか見ていきましょう。

　多くの日本語クラスで使われている『みんなの日本語　初級』（スリーエーネットワーク）は、マイク・ミラーさんをはじめ、会話の登場人物の多くが会社員という設定になっていますが、ビジネス会話に焦点を当てているわけではありません。あまり学習者を特定せず、幅広く日本で生活している外国人に、体系的に日本語を学んでもらおうという教科書です。学習者は、比較的長い学習時間をとることができることを想定しています。

　各課は、文型の学習を積み上げることによって進んでいきます。このような構成を**文型積み上げ式**といっていますが、構造シラバスの一種だといえます。

　『みんなの日本語』では、各課の「練習 B」は、オーディオ・リンガル・メソッドで使われるドリル形式、「練習 C」はイラストの内容を会話形式で話す練習となっています。「会話」のページがありますが、それによってコミュニケーション練習をしようというよりは、学んだ文型が具体的にどのように使われるかを示しているといったほうがよいでしょう。

　この教科書を使う授業は、その課の文型を導入し、練習 A で「型」を確認したあと、練習 B と C で学んだことをしっかり記憶する、という手順で進められることが多くなると思います。構造シラバスの目標である体系的な文法・文型の習得ができるような教え方です。会話練習などの自由度は低く、コミュニケーション能力の養成には、教師や支援者の工夫が求められます。

　しかし、厳密な文型積み上げ式をとっているため、すべての課を同じ手順で進行していくことができます。その手順を習得すれば、あまり経験のない人で

も、一定の水準の授業ができるという利点があります。それが、副教材や「教え方の手引き」などが充実していることとも合わせて『みんなの日本語』が広く普及した要因になっていると考えられます。

　欧米の日本語教育機関で広く使われている『初級日本語　げんき』（ジャパンタイムズ出版）も構造シラバスの教科書です。

　『みんなの日本語』は、さまざまな母語話者が在籍するクラスにおいて、媒介語《➡第4章参照》を使わずに日本語だけで授業ができるように「文型」に焦点を当てて書かれています⁶。しかし『げんき』は、欧米で使われることを意識して作られています。そのため、媒介語として英語が使えるという前提で、英語の文法説明が加えられています。こちらのほうが、より構造シラバスの原型に近い構成をとっているといえるでしょう。

　さらに本冊に「読み書き編」が加えられ、漢字の練習ができるようになっています。

　このように、媒介語を使用した文法説明や「読み書き編」があることから、『げんき』は、日本語を母語としない日本語教師、そして非漢字圏の学習者を想定していることがわかります。

　構造シラバスの教科書は、ある程度、時間をかけて学ぶことが必要になります。また、最初から順番に学んでいくことも大事です。したがって学校で使うのに向いているといえます。

　『にほんご　これだけ！』（ココ出版）と『日本語おしゃべりのたね』（スリーエーネットワーク）は、地域のボランティア日本語教室で使うことを考えて作られています。どちらもトピックシラバスが使われています。学習時間に話すことのヒントは教科書に書かれていますが、具体的に何を話すかは、支援者が学習者と考えなければなりません。自由度は高いのですが、支援者の経験や個性によってかなり対話の質にも量にも差が出てしまうことが考えられます。

　トピックシラバスなので、どの課から始めてもいいということがボランティア日本語教室での使用に適しています。また、最初から順番に学んでいかなくてもよいので、仕事などを持っていて、学習が不規則になりがちな学習者でも

6　『みんなの日本語』には、本冊とは別に『翻訳・文法解説』が10以上の言語で刊行されています。これを使って媒介語を使う授業をすることも可能です。

クラスで「とりのこされる」ことが少ないといえます。とにかく周囲の日本人と、短期間でなんとかコミュニケーションができるようになりたい、という学習者に向いた教科書です。

『いろどり　生活の日本語』（国際交流基金）も、日本で生活する学習者向けに作られました。主に技能実習生や特定技能ビザで来日する（した）学習者を想定しています。つまり、来日前にそれほどの日本語学習歴を持たず、来日後もまとまった学習時間はとれないけれど、毎日の生活には日本語が必要、という学習者です。

完全な Web 教材で、教科書も音声データも Web から自由にダウンロードして使えます。各課にトピック（話題）が決められていますが、学習者と教師がトピックについて、自由に会話をしていく形式ではなく、そのトピックで使われそうな文型を「使える」ように練習していくという Can-do シラバスの教科書です。それほど長い学習時間はとれないけれど、日程を定めて定期的な学習時間をとることができる学習者に向いていると思われます。

『できる日本語』（アルク・凡人社）は、日本語学校で学ぶ学習者のために作られています。書名のとおり Can-do シラバスの考え方にもとづき、各課で学んだことを確実に「できる（使える）」ようにすることを目標としています。

各課は、場面シラバスとトピックシラバスを合わせたような構成で進行していきますが、各課で取りあげる文法・文型が、やさしいものから難しいものへという配置になっており、構造シラバスも取りいれられていることがわかります。

つまり『できる日本語』は、Can-do シラバス、場面シラバス、トピックシラバスに加えて構造シラバスも合わせた複合シラバスになっているのです。ただ、一般的に構造シラバスと場面・トピックシラバスには、成立する条件に相反する要素が多く、それを 1 つにまとめるのは、とても難しいことです。

実は、この教科書は、それをうまくまとめるためのしかけがあります。主な学習者を「日本の大学に進学するために日本語学校で学んでいる留学生」と限定しているのです。また、学習者は、東京に住んでいるという設定です。このような狭い限定をすることで、難しい複合的なシラバスを実現しているのです。ある意味で学習者中心主義を徹底した教科書だということもできます。

『まるごと　日本のことばと文化』（国際交流基金）も、Can-do シラバスと

明記されていますが、『できる日本語』とも『いろどり』とも異なった特色を持っています。各課にトピックが設定され、同じトピックを「りかい」と「かつどう」という2冊の教科書で扱います。

　「りかい」では『いろどり』と同じように、そのトピックで使われそうな文型を理解し、練習することに焦点を当て、「かつどう」では、『できる日本語』と同じように、そのトピックについて自分のことを話せるようになる、という2つの側面からの学習活動ができます。

　教科書には、多彩な写真やイラストが添えられ、書籍（紙）版のほかに電子版も出版されています。これだけで十分な情報量を持っていますが、それに加えてWebサイトから、さまざまな関連資料がダウンロードできるようになっています。簡単に教材が手に入らない海外で教える場合にも、教科書だけで学習が進められるようにという配慮があるためです。

　その点だけをとれば『まるごと』は、かつて、同じ国際交流基金が作成した『日本語初歩』が目指した汎用教科書に似た目標・目的を持って、作られているといえるでしょう。しかし、その方法論とシラバスが、まったく正反対のものといっていいぐらい異なっています。

　その背景には、インターネットをはじめとするICTの発展があります。『日本語初歩』のころは、紙の教科書を郵送するしか、海外に教科書を送る方法がなかったのです。そこで、オーディオ・リンガル・メソッドを徹底して1冊だけ、あまり厚くない教科書を作成することになったのでしょう。

　その反対に『まるごと』は、電子版もあって、世界中ですぐに利用できる態勢が整えられています。その反面、冊数が多く、盛り込まれた情報量がとても多くなりました。すべてを網羅的に勉強するためには、かなり長い学習時間が必要になります。多くのクラスでは、それだけの時間がとれないと思われるので、学習者にとって必要な部分を選択して教えていく必要があります。

　以上、いくつかの教科書で見てきたように、現在の教科書は、ただ1つの「教授法」や「シラバス」に準拠して作られているわけではなく、1つのシラバスを中心に学習者がより学びやすいような複合的なシラバスで構成されることが多くなっています。

　教師は、それぞれの課の内容を見て、どのような教え方（教授法）をするのかを考えなければなりません。その教え方も、自分が受けもつ学習者によって

変わってくるわけです。

　このように、コースの開始前にどれだけ学習者に合った教科書を選定できる
か、また、その教科書を生かし、補うためにどのような教え方をするか、とい
うことを十分に考えることが、2000 年代以降の学習者中心主義、そしてポス
ト教授法の時代の日本語教師には求められるようになっているのです。

　なお、日本語教育における教科書についてより詳しく学ぶためには、深澤・
本田（2019）による『日本語を教えるための教材研究入門』（くろしお出版）
を参照してください。

3

コミュニカティブ・アプローチ：対話による授業の進行

3-1　対話による授業の進行

　これまでお話ししてきたように、現在の日本語教育は、学習者中心主義とい
う考え方のもとに、教科書を基調にして進められています。教科書で取りあげ
られている各学習事項は、それぞれの教師の判断によって最も適切だと考えら
れる教え方（教授法）をすればよく、固定された唯一の教授法で教える必要は
ない、というのも現在の日本語教育の考え方です。

　さらに、教師が授業の進行を考えていくとき、その基礎にあるのは、コミュ
ニカティブ・アプローチが提唱した「外国語の習得は、現実の（あるいは、現
実に近い）コミュニケーション行動の実践によってこそ進むのだ」という考え
方だと思います。

　このようなコミュニケーション行動の実践として、クラスの学習者同士のコ
ミュニケーションを促すのがロールプレイやコミュニケーションゲームです。
また、クラス外の母語話者とのコミュニケーションを試すのが、タスク学習や
ゲストを教室に招いてのビジターセッションです《➡コラム 5「ビジターセッショ
ン」参照》。

　しかし、クラスをコミュニケーション化するために最も基本となるのは、教
師と学習者との「会話」だということを忘れてはならないと思います。つまり
日本語教師にとって最も大切な教え方（教授法）とは、会話を中心にして授業
を展開していくことです。ですから、クラスの中で、学習者と内容をともなう

会話（あるいは「対話」）を作っていく技術こそ、日本語教師が絶対に身につけなければならないことなのです。

　この技術を身につけるために重要なことは、2つあると思います。1つは「聞く」技術です。そして、もう1つは、ティーチャー・トークの習得です。

3-2　学習者の日本語を「聞く」ことの重要性

　「教師」という職業は、一般的に「他人に知識を教える仕事」であると考えられています。それが教師の仕事の一部であることは、確かです。しかし、特に外国語の教師は、それ以上に「学習者の会話の相手である」ことが求められます。

　会話の相手を務めるなどということは、ごく容易なことであり、だれにでもできることのように思うかもしれません。しかし、それまで使ったことがない新しいことばで、何かを伝えようとする人（＝学習者）の相手をするのは、かなり難しいことなのです。

　まず、学習者が自分の話したいことを的確に表現できるかどうかわかりません。自分が知っている限りの語彙と文法でなんとか伝えようとするでしょうが、聞き手（＝教師）は、その不完全な表現を聞いて学習者の言いたいことを理解する洞察力を持っていなければなりません。それには、学習者の、その日その時点での日本語習得状況を理解できていなければなりません。

　「傾聴する」ということも大切です。そして、これはとても難しいことです。「傾聴する」というと臨床心理士などが、悩みを持つ人の話を、かなりの時間をかけて聞く様子を思い浮かべるかもしれません。しかし、日本語教師の場合は「私は、今朝、パンを食べて、コーヒーを飲みました」とか「先週の日曜日、桜を見にいきました」といったごく普通のフレーズを「傾聴して」、それに対する適切な反応を返さなければなりません。なぜなら、教師にとっては「ごく普通のフレーズ」が、学習者にとっては「学んだばかりの日本語を使って伝える」特別なことだからです。自分が話したことが相手に伝わるかどうか、相手がどのように反応してくれるか、ということは、学習モチベーションに直接つながるきわめて重要なことなのです。

　タネン[7]という社会言語学者は、会話のスタイルをレポート・トークとラポート・トークの 2 種類に分類しました。

　レポート・トークというのは、情報を伝える目的でおこなわれる会話で、そこには、しばしば相手より優位に立とうという意識をともないます。「あなたの知らない情報を私は持っています」という競争意識です。つまり、レポート・トークは、しばしばマウンティング[8]の目的でおこなわれることがあるのです。

　それに対し、ラポート・トークというのは、感情を共有することを目的におこなわれる会話で、それは、相手との「接点」を求める情緒的な会話といえます。

　タネンは、ラポート・トークは女性の会話スタイルであり、レポート・トークは男性の会話スタイルだとしています。そのようにジェンダーに根拠を置くステレオタイプな分類をしてしまうことには、大きな問題がありますが、女性であれ男性であれ、日本語教師という立場で学習者とコミュニケーションするときには、「私が新しい知識を教えてあげましょう」というレポート・トークを意識的に抑えて、ラポート・トークとなるように心がけることが大切だと思います。

　たとえば、学習者が「先週の日曜日は、桜を見にいきました」と話してくれたとき、日本語教師は、どのように反応するべきでしょうか。

　このとき、「桜を見にいくことを花見といいます。日本人にとって桜は特別な花なので、桜を見にいくことを『花見』というのです。ほかの花を見にいっても『花見』とはいいません」といった感じのレポート・トークを始めてはいけません。教師が学習者に「知識」を教えはじめると、学習者は、それを受け入れることしかできないので、会話にならないからです。

　「私は教師だ」という意識で学習者に接していると「桜を見にいった」という学習者のことばだけを拾って「花見ということばを教えよう」と反応してしまうのです。なお、残念ながら、このような反応をするのは、タネンがいうとおり、どちらかというと男性の教師や支援者のほうが多いと思います。

7　デボラ・タネン Deborah Frances Tannen（1945-）アメリカの社会言語学者。
8　動物が群れの中の順位を決めるためにおこなう「馬乗り行動」から転じて、自分が優位の立場にあることを誇示するためにおこなう言語行動のことです。

それに対して「そうですか。どこに行きましたか」「だれか一緒に行きましたか」「桜はもう咲いていましたか」といったラポート・トークを展開していけば、学習者はそれに対して回答することができます。こうして、会話が成立していくのです。この会話は、日本語母語話者にとっては、ごく普通の日常会話にすぎませんが、学習者にとっては「日本語でコミュニケーションができた」という大きな自信になるのです。そのため日本語教師は、いつも「学習者のことばに耳を傾ける」、つまり「傾聴する」ことができていなければなりません。

3-3 ティーチャー・トークの習得：語彙のコントロール

クラスでコミュニケーション行動を実践するとき、もう1つ教師に必要なことが**ティーチャー・トーク**をマスターすることです。

特定の相手に対して、普通の相手とは違うことばの使い方をすることを、○○トークということがあります。たとえば、幼児に話しかけるとき「ないないする」（＝しまう、かたづける）とか「ブーブーにのる」（＝車に乗る）ということがありますが、このようなことばの使い方をベビー・トークといいます。

母語話者が外国人に話しかけるときにも、同じような現象が起きることがわかっていて、それをフォーリナー・トークといいます。フォーリナー・トークは、非母語話者にわかりやすく伝えてあげよう、という気持ちの表れなのですが、非母語話者との会話に慣れていない人の場合、逆に難しい表現になってしまうこともあります。たとえば、文の中に英単語を混ぜて話すような状態です。

同じように、語学の教師が、学習者に話しかけるときに使うことばづかいをティーチャー・トークといいます。クラス活動をコミュニケーション化するためには、教師が学習者の習得状況に合わせて学習者に理解できる表現で話をする必要があります。具体的には、その時点で既習の文法や文型、語彙だけを使って話をするということです。

説明を聞くと簡単なことのように思われるかもしれません。しかし、相手の学習レベルに合わせて語彙や文型をコントロールしながら話をするということは、とても難しいことなのです。

しかし、このコントロールができていなければ、学習者は教師に話しかける

ことはもちろん、何か疑問があっても質問することをためらうようになってしまいます。そうなると、クラス運営や学習活動をコミュニケーション化することなど不可能なことはいうまでもありません。したがって、日本語教師は、ティーチャー・トークをマスターすることが絶対に必要なのです。

　第 4 章で説明するように、新しい学習事項が出てきたときには、それまでに習った事項を使い、**語彙のコントロール**をして説明ができなければなりません。そのときに絵やジェスチャーを使うことと同時に、既習事項を使って説明することができないか考えてみましょう。それを積み重ねていくことで、初めてティーチャー・トークがマスターできるのだと思います。

POINT

1　外国語教授法は、文法訳読法からオーディオ・リンガル・メソッド、コミュニカティブ・アプローチと進展してきた。

2　「ポスト教授法」の時代に入ってからは、シラバスと教科書が教え方を決定する。

3　「傾聴する」こととティーチャー・トークをマスターすることが教師には必須である。

まとめタスク

▶　冒頭のキーワードの意味を、クラスメートと互いに説明しあってください。

▶　クラスメートと昨日何をしたか話しましょう。聞き手は「ラポート・トーク」を意識して、できるだけ楽しい会話が長く続くように反応してください。

▶　「富士山に登りました」と「富士山に登ったことがあります」の意味の違いを「語彙のコントロール」に注意して、できるだけやさしい日本語で説明してみてください。ほかの人の説明も聞いて、初級の学習者にわかるかどうか話しあってみてください。

COLUMN 3
いろいろな教え方を学び、
先輩の先生と対話しよう

　私が初めて日本語を教えたのは約 30 年前です。『新日本語の基礎』という日本語教科書で教えていました。その教科書は技術者を育てるためのもので、「スパナ」など日常生活では使わない単語を使った練習がありました。そして動詞の活用前と活用後の単語を紙の裏表に書いたフラッシュカードを作って、ドリル練習を多用する文型積み上げ式の教え方でした。

　今の時代はいろいろな学習者がいて、いろいろな教え方があります。IT エンジニアの学校では、プログラミングをしながら日本語を学びはじめることがあります。子どもの日本語教育では、子どもの興味関心・認知発達に応じて柔軟に日本語が教えられています。トランスランゲージング（複言語主義的）な言語教育観、内容重視型の教育環境であれば、いろいろなことばや道具を使って日本語が学ばれますから、文型積み上げ式に捉われず、複雑なタスクを初級の段階から取りいれることもあるかもしれません。

　今、私は教科書を使わずに内容重視型の日本語教育をおこなうことが多いです。ですが、文型積み上げ式がだめだとも思いません。初級文型を対象に「導入（＋インプット）→練習→応用」へと授業をおこなう文型積み上げ式は、日本語教育の伝統的な「型」だと思っています。私は、言語教師なら一度はこの「伝統の型」を身につけたほうがいいのではないかと思います。日本の武道に「守・破・離」ということばがありますが、守るべき型を持ったからこそ、批判的にみることもでき、自由な教師へと成長することができるように思うからです。

　日本語教育の現場には、いろいろな教え方の考えを持つ先生がいます。それぞれの先生にはそれぞれの教えた歴史があり、その中で「どうすればいいか」を選んできています。単純にどれが正解とはいえません。この本で学ぶみなさんには、いろいろな教え方を学んでほしいと思います。そうすると、現場の先輩の先生と共感的な態度で対話ができるようになると思います。そして、教育実践と先輩の先生との対話を重ねながら、自分がどのような先生になりたいかを選びとってほしいと思います。

第4章
初級の教え方を考えよう
「導入」から「基本練習」へ

```
この章を理解するための　▶ ▶ ▶　　キーワード
```

▶目標言語、媒介語、直接法
▶ウォーミングアップ、導入、基本練習
▶パターンプラクティス、反復練習、代入練習、変換練習、展開練習、
　応答練習、完成練習

　初級レベルの日本語はどのように教えたらいいのでしょうか。また教えるにはどんな知識が必要となるのでしょうか。この章では教室活動の流れのうち、学習項目の「導入」の方法と「基本練習」を具体的に示します。

・・・・・・・・・・・・・・・・・・・・・・・・・・・・・・・ 1 ・・・・・・・・・・・・・・・・・・・・・・・・・・・・・・・

初級レベルの指導

　初級レベルといっても学習者のニーズはさまざまです。漢字は読めなくてもいいから早く話せるようになりたいという人もいるでしょうし、早くドラマを見てわかるようになりたいという人もいます。一般的には、日本語の初級レベルの教科書を見ると、共通したシラバスが見受けられます。また、初級レベルは話すスキルを伸ばすことに重点を置いた指導を中心とします。しかし、特に初級終了後に中級に進みたいという学習者には読み書きの指導も平行しておこない、四技能を伸ばす指導をおこなう必要があります。また第二言語として日本語を学習し、日本の社会で生活する場合、「言語能力」、「社会言語能力」、さ

らに「社会文化能力」[1] が必要だといわれます。これらの力を伸ばすために初級レベルの学習者にどのような指導をおこなったらいいのでしょう。この章では初級レベルの話すスキルを伸ばすための指導について述べていきます。

2
初級レベルの指導と媒介語の使用

　教室で日本語を指導する場合、初級の教え方には 2 種類あります。1 つは**直接法**といって、**目標言語**だけを用いて日本語を教える方法です。目標言語とは指導しようとしている言語を指します。学習者の立場から見れば、学習しようとしている言語を指し、この場合は日本語がそれにあたります。直接法で学ぶ場合、学習者は与えられた例文などから自ら規則を発見し、体系を作っていきます。**媒介語**の説明や翻訳には頼りません。そのため、学習者にはことばを観察したり、分析したりする力が求められます。長所としては、自ら発見するため、記憶や印象に残り、達成感があることなどが挙げられます。一方、短所として、分析や観察に時間がかかること、また、導き出された規則が正しいとは限らないことなどが挙げられます。媒介語を使う方法と比べると日本語の習得に時間がかかるため、直接法を嫌う学習者もいます。そのため、学習者の理解の助けになるように絵などの視覚教材を用いることが多いです。

　もう 1 つは、媒介語を使う方法です。これは、目標言語以外の言語を使って教えます。日本国内で日本語を教える場合はさまざまな母語の学習者が 1 つの教室に混在しますが、たとえば学習者がみな英語を理解できるような場合、英語を媒介語として日本語の文法を説明することがあります。また、海外では母語で説明ができるため、媒介語として母語を使う頻度が自然と多くなります。みなさんの中には、自分の国で日本語を学んだという人もいることと思いますが、そのとき、教室ではその国のことばが使われていたと思います。

　媒介語を使って教える場合、初めから学習者の認知能力に合わせた文法規則を明示的に知識として与えることになるため、時間の節約になり、効率よく学

1　ネウストプニー（1995）が提唱したインターアクション能力の 1 つで、ことばを使うさまざまな場面や行動が社会の中でどのような意味を持つか理解し、適切にその場面に参加し行動する力をいいます。

習が進みます。しかし、学習者の印象に残るか、達成感があるかという点では弱いといえるでしょう。言語の学習プロセスを考えると、指導の流れの中でどちらの方法を使えば効果的かを考えながら、媒介語を使うか使わないかを判断することが大切です。

　とはいえ、教室内では媒介語の使用は少なくし、日本語をできるだけたくさん聞き、話すチャンスを作ったほうがいいといえます。教室内での媒介語の使用は学習者への指示、目標の提示、また学習者からの質問に答える程度に抑えるのがいいでしょう。一方、教室外では学習者は媒介語による文法説明や語彙リストを使って予習します。また、学習者同士が同じ媒介語を共有している場合、媒介語を使った文法説明の授業があるとさらにいいでしょう。

3

初級レベルの教室活動の流れ

　2に述べたことを前提に、教室活動の流れを見ていきます。初級レベルの教室活動は、図1のような流れで進むことが多いです。

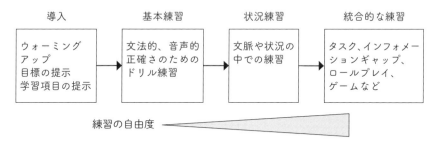

図1　初級レベルの教室活動の流れ

　この章では「導入」と「基本練習」を扱います。「状況練習」「統合的な練習」については、第5章で述べたいと思います。

3-1　導入

　授業を始める際は初めに**ウォーミングアップ**で学習者の気持ちをリラックス

させましょう。心理的に緊張していない状態にあると、情意フィルター[2]がかからず、学習が進むといわれます。また既習の学習項目を使って復習しながら教師が学習者とコミュニケーションをとることで、未定着の学習項目が明らかになります。スムーズに学習を進めるためにもウォーミングアップをうまく活用することが求められます。

　ウォーミングアップの次は到達目標を学習者に示します。その項目を学習すると、どんなコミュニケーションがとれるようになるのかを具体的に示します。学習者が理解できるように媒介語を使うことが一般的です。日本語の教科書には目標が示されているものもあれば、示されていないものもあります。目標が示されていない場合は、特に教師はその項目を学習することでどんなコミュニケーションがとれるようになるかを考えることが大切です。また、到達目標の提示は学習者にとっては学習への大きな動機づけになります。

　導入とは、学習項目の意味や使い方を学習者に理解させ、学習者の頭の中にイメージを作りあげることです。通常は状況を設定することにより、学習者に推測させ、気づきや発見をさせます。基本的に媒介語は使わずにおこないます。導入について国際交流基金（2007: 16）では以下のように説明しています。

　　　学習者が推測して自分で気づくことは、言語学習にとって重要です。自分で気づいたことは記憶に残りやすく、また、「わかった」という達成感を持たせることができます。さらに、このような場面や状況から意味を推測するということは、実際の外国語でのコミュニケーションにも役に立ちます。

　この導入がうまくいかないと、次の練習には進めません。ですから、一連の教室活動の中で、導入は最も重要な部分ともいえます。導入がうまくいくかいかないかは学習者がピンとくる状況を設定できるかどうかにかかっています。学習者が推測しやすい状況作りをするためには、学習者が置かれた環境や彼らの日頃の生活を把握しておくことも必要です。たとえば学習者がアパートに住んでいるのか、寮に住んでいるのか、食事は大学の食堂でしているのか、宗教

2　情意的な要因が言語の習得に影響を及ぼすというクラッシェンの仮説で情意フィルター
　　仮説といいます。

上の制約があるのか、サークルなどに参加しているのかなどがわかっていると状況作りに役立ちます。また、どんな導入の仕方であれ、教師から学習者への一方通行の説明ではなく、教師の問いかけに学習者が答え、またそれに教師が反応するという双方向のやりとりを心がけましょう。

　また、導入後は導入がうまくいったかどうか必ず確認をして次の練習に進みます。普通はその項目を使って質問をする形で確認をしますが、導入の段階では学習者はまだその項目を使って発話することができないため、「はい、いいえ」などの簡単な答えが返ってくる質問をすることで確認をします。これについては、文型の導入（絵やイラストで状況を作る「存在文」の導入）で具体的に説明をします。導入には語彙、表現、文型などの導入があります。以下、順番に見ていきます。

3-2　語彙の導入

　語彙の導入には、訳語によるもの、絵やイラスト、レアリア（実物）や模型などの視覚教材によるものや、教師の日本語による説明などがあります。日本語の教科書には語彙リストが付随しているので、学習者はそれを予習に活用できます。実際に新出語彙をすべて丁寧に導入することは時間的にも難しいため、予習を前提にしたうえで、キーワードや説明が必要な語彙を教室で導入するといいでしょう。

　動詞や形容詞で視覚的に表しやすい語彙は、絵教材などの視覚教材を使って導入することができます。図2は動詞と形容詞の絵教材の例です。

壊れる　　　　　壊す　　　　　小さい／大きい　　　　元気な

図2　絵教材の例

　「い形容詞」の「大きい」「小さい」、「高い」「安い」などは相対的な語彙なので、反対語を同時に示したほうがわかりやすいでしょう。「な形容詞」は比

較的抽象度の高い語彙が多いですが、ポイントをつかんだ絵やイラストで導入することができます。

　教師のジェスチャーによる導入が効果的なものもあります。日本語の着脱動詞「着る」「履く」「脱ぐ」「かぶる」「かける」などは学習者にとって覚えにくい語彙の1つですが、教師がレアリアを使って動作を示して導入すると、理解しやすく、印象にも残ります。また、「着ます」「着ました」「着ています」など動作のアスペクト[3]を理解させるのにも効果的です。もちろん、図3のように絵やイラストを使っても導入ができます。

着る／脱ぐ　　　　　履く／脱ぐ　　　　かぶる／とる　　　かける／はずす

図3　日本語の着脱動詞

　抽象度の高い語彙や視覚的に示しにくい語彙は、絵やイラストを使うだけではなく、学習者がこれまで勉強してきたことばによる説明を加えることでイメージをつかませます。図4の絵教材は、どんな動詞を表していると思いますか。推測してください。これだけ見せても学習者には理解が難しいですが、教師が学習者にとって理解可能な日本語で補

足説明をすれば理解できるでしょう。そのときに必要なのがティーチャー・トーク《➡第3章参照》です。語彙の説明だけではなく、日本語教師には学習者の日本語力に合わせた語彙のコントロールが教室活動を通して求められます。なお、図4は「相談する」の絵を表しています。

図4　絵教材の例

　文化や行事を表す語彙の導入はどうしたらいいでしょうか。訳語から正確な

3　アスペクトとは、動詞・出来事の時間的性質や様態を表すことばのことです。

イメージを伝えるのは難しいでしょう。たとえば日本の「お花見」といえば桜の花と決まっていますが、学習者が想像する「お花見」のイメージは、日本のものとはかなり違います。そんなときは写真やイラスト、または動画を使って「お花見」の様子を見せると、学習者はイメージをつかむことができます（写真1）。

写真1　お花見の風景

3-3　文型の導入

　文型はさまざまな方法で導入することができます。文型の導入にはそれがどんな状況でどのように使われるのかを理解させる「意味の導入」と、その文型の文法規則を示す「形の導入」があります。「意味の導入」をする際は、その文型が実生活でどんな状況で使われるかを考えますが、その状況は学習者にとって理解しやすい状況でなければなりません。一方、「形の導入」をする際は、学習者が産出をするとき、正しく使えるような情報を示します。また、文法的な制約がある場合も説明を加えます。たとえば、文型「と思う」の主語は第一人称に限られる、副詞「あまり」は否定形とともに使われるなどが挙げられます。以下、意味の導入と、形の導入の方法を見ていきます。

1）意味の導入
①　状況を設定し、その中で文型の意味や使い方を理解させる方法
　状況を作るには、イラストや写真、レアリア、教師による説明などさまざまな方法が考えられます。教師が日本語で説明をする場合は、語彙のコントロールを心がけます。
　まず、初めは指示詞「これ、それ、あれ」の導入例を見てみましょう。
　教室内を学習者にとって身近なコンビニやスーパーなどに見立てましょう。学習者が日本で生活を始めると、コンビニやスーパーに何だかよくわからない物がいろいろあって困るそうです。ときどき「先生、これは何ですか」とクラスに写真を持ってくる学習者もいます。そこで、教材には、それらの店にある物を使います。レアリアを使う場合は、必要な物を事前に教室に持ち込んでおきます。また、導入に使う名詞（物）は事前に導入しておきます。コンビニに

あるものを手に取り（ここではペットボトルのお茶）、教師は「これはお茶です」とお茶を指さして言います。学習者にペットボトルのコーヒーを持たせ、同様に教師が「それはコーヒーです」と指さして言います。このとき、学習者に「それはコーヒーです」と繰り返して言わせないように気をつけます。これを何回か繰り返し、「これ」が自分の近く（領域）にあるもの、「それ」が相手の近く（領域）にある物を指すときに使うということを理解させます。そして、自分からも相手からも離れた物を指し示して「あれ」を導入します。教室でレアリアを使って導入をしたあと、確認のために図5のような絵を使うといいでしょう。

図5　「こそあ」を示した絵

　さらに、存在文「あります」の導入例を見てみましょう。
　存在の概念を理解させるために絵やイラストを使って導入する方法です。たとえば、いろいろな物が置いてある学習者の部屋を想定します。教師はパソコンやテレビ、机が置いてあるAの部屋の絵（図6-1）を見せて「Aさんの部屋です。パソコンがあります。テレビがあります。机もあります」と言い、一方、テレビと机がないBの部屋の絵（図6-2）を見せて、「Bさんの部屋です。パソコンがあります。本棚があります。テレビがありません。机もありません」と2つの部屋を対比させます。そうすることで、物の存在の概念を導入することができます。導入が終わった段階で、「テレビがありますか」「パソコンがありますか」という質問を学習者にしましょう。学習者から「はい」、または「いいえ」と正しい答えが返ってくれば、正しく理解されたことがわかります。もし、正しい答えが返ってこなければ、もう一度導入をやりなおします。この確認の作業を怠ると、学習者が理解できていないのに、次のステップ

に進んでしまうことになり、クラス終了後に実は学習者が何もわかっていな
かったということになりかねません。

図 6-1　A さんの部屋

図 6-2　B さんの部屋

②　教師（T）と学習者（S）の Q&A による導入

　次は、教師と学習者の Q&A による対話形式の導入例です。動詞と一緒に使
われる「ようになります」は、状況や状態の変化を表す文型です。この文型を
使って、学習者は自分の生活や習慣の変化を言い表すことができます。次に示
すのは、教師と学習者との会話例です。

　T：S さんはいつ金沢に来ましたか。
　S：去年の 10 月です。
　T：そうですか。国ではだれと一緒に住んでいましたか。
　S：家族と一緒です。
　T：いいですね。ご飯は自分で作っていましたか。
　S：いいえ、お母さんに作ってもらいました。
　T：今はどうですか。
　S：自分で作りますが、あまり上手じゃありません。
　T：そうですか。大変ですね。S さんは国では自分で料理を作っていません
　　　でした。金沢では料理を作っています。S さんは自分で料理を作るよう
　　　になりましたね。
　S：はい、自分で作り……。
　T：自分で作るようになりました。

　S ：はい、自分で作るようになりました。

　このように、教師が質問し、学習者が答える形でインタラクティブに文型を
導入することができます。教師はターゲットになる文型以外は既習のことばを
使うようにし、語彙のコントロールをします。そうすることで新しい文型が際
立つことになります。このようなやりとりの中で、学習者は自分が今、言うべ
きことは何か、またそれを言うためにはどんな日本語が必要かに気づいていき
ます。自らによる発見や気づきが起こるように、教師は学習者との Q&A の対
話の流れをコントロールしていきます。ここでは教師と学習者で対話を作りあ
げていく例を示しましたが、教科書によっては初めから対話が提示されている
場合もあります。

　導入の際には既習の文型との関連づけもしましょう。「ようになります」は
動詞とともに使われますが、形容詞や名詞とともに使われる形、たとえば「寒
くなります」「学生になります」も同時に提示しましょう。そうすることで学
習者の頭の中が整理されていきます。

2）形の導入

　文型の意味の導入後、文型を産出する際に必要な形の情報を提示します。こ
れが形の導入です。たとえば、「食べたい」のように希求や願望を表す文型や
状態の変化を表す「ようになります」の場合は、以下のように提示するといい
でしょう。提示するときには、脱落する音や強調したい部分を視覚的にわかり
やすく示します。

「（動詞）たいです」の形の提示

食べます（ます形 /masu-form）＋たいです →食べたいです

「（動詞）ようになります」の形の提示

作る（辞書形 /dictionary form）＋ようになります →作るようになります

4
なぜ視覚教材を使うのか

　初級レベルの指導をするとき、視覚教材を多用します。視覚教材には、絵、イラスト、写真、レアリア、模型のほかに文字カード、動画などがあります。絵やイラストには名詞、形容詞、動詞、表現などを表すもの、文字カードには数字、かな、漢字が書かれたものがあり、導入や練習に使われます。

　なぜ視覚教材を多用するのでしょうか。初級レベルでは話すスキルを伸ばすことに主眼を置いているため、学習者の口頭練習に多くの時間を割きます。その際に視覚教材を使用すると、以下のようなメリットがあるのです。

1)　導入の際、ことばの持つイメージや概念を、媒介語を介さず直接伝えることができる。また、状況を作る際も視覚に訴えたほうが理解しやすく、イメージもつかみやすく、印象にも残る。
2)　練習の際、視覚教材を使うことで媒介語を介さず直接目標言語の産出ができる。
3)　教師が必要以上に媒介語を使用しなくても済むため、自然に学習者が目標言語をたくさん聞いて、話すチャンスが増える。

　最近は、教育現場の ICT 化にともない、アナログの教材ではなく、デジタル化されたものを使うことが多くなりました。デジタル教材は自分で作ることもできますが、インターネット上のサイトから利用することもできます[4]。

5
基本練習

　導入が終わった段階では、学習者はまだ、導入で理解した学習項目を使えるようにはなっていません。「理解」の段階を「使える」段階に進めていくことが次の目標になります。**基本練習**の一般的な方法は、オーディオ・リンガル・

4　国際交流基金「みんなの教材サイト」https://minnanokyozai.jp/kyozai/top/ja/render.do
　いらすとや「かわいいフリー素材集いらすとや」https://www.irasutoya.com/

メソッド《➡第3章参照》の練習法である**パターン・プラクティス**などが挙げられます。この練習をすることで、学習者は文法的、音声的正確さを身につけることを目指します。基本練習の目的は、導入で理解した学習項目を文法的、音声的に正確に言えるようにすることですから、この練習の段階で文法や音声の誤りがあった場合、学習者に誤りを指摘します。

誤りの訂正方法には明示的な方法と暗示的な方法があります。明示的な方法とは、学習者にはっきりと誤りを指摘する方法で、学習者の「昨日は部屋で本を<u>よみて</u>いました」という誤用に対して、「『よみて』じゃありません。『よんで』ですよ」のようにはっきりと訂正することをいいます。それに対して、暗示的方法は、教師が学習者との会話の流れの中で正しい言い方を出し、それに気づかせるという訂正方法です。基本練習の段階では、音声や文法の誤りを確実に伝えるために、また学習者によくわかるように、ある程度明示的に訂正したほうがいいでしょう。

パターン・プラクティスは機械的な練習なので、長時間続けると学習者が飽きてしまったり、嫌がったりする場合もあります。ですから、学習者の様子を見ながら、教材を工夫するなどして変化をつけた練習を心がけるといいでしょう。そうすることで必要以上に時間をかけず、テンポのいい練習ができるようになります。基本練習をするときは、教師が口頭でキュー（教師が出す入れ替え語句）を出すだけではなく、同時に視覚教材を示すことで、機械的な練習に意味を持たせることができます。

5-1 基本練習の種類

1）反復練習

教師の言うことをそのまま繰り返して学習者が発話する練習です。語彙や文型を正しく聞き取って、そのとおりに発音をします。練習をさせるときは指示のことばが必要ですが、教室で指示を出すには2つの方法があります。1つは教師がよく使う指示のことばと訳語を「教室ことば」として前もってリストにして学習者に渡しておき、教室で教師の指示を聞いたときに理解できるようにしておく方法です。もう1つは、教師が媒介語を使って教室で指示をする方法です。ここでは日本語で指示する方法を示します。

練習の中のTは教師を、Sは学習者を表します。

T：バス（教師は「リピートしてください」「繰り返してください」と指示
　　を出す）

S：バス

T：自転車

S：自転車

T：飛行機

S：飛行機

2）代入練習

　文中の一部を代入語句と入れ替えて一文を言う練習です。キューを音声で与
えずに、絵やイラストなどの視覚教材を使ってもいいでしょう。

T：バスで東京へ行きます。―　飛行機　―（絵教材を見せてことばを入れ替
　　えるよう指示する）

S：飛行機で東京へ行きます。

T：―　電車　―（絵教材）

S：電車で東京へ行きます。

T：―　新幹線　―（絵教材）

S：新幹線で東京へ行きます。

3）変換練習

　活用形などがスムーズに言えるようにするための練習です。たとえば現在形
を過去形に、肯定形を否定形に、「ます形」を「て形」に変換させる練習があ
ります。例1は動詞を「て形」に変換させる練習です。例2は形容詞を過去
形に変換させる練習です。このとき、キューには文字カードと絵教材を使う場
合があります。動詞を「て形」に変換させる場合、文字
カードを使うときはカードの表に動詞の辞書形、または
「ます形」、裏には「て形」を書いておき、表側を学習者
に見せて変換を促します。動詞の絵カードを使う場合は
絵を見せて「て形」に変換させます。どちらの場合もテ
ンポよく練習を進めましょう。

65

例1)

T：働きます（教師は動詞の文字カード、または絵カードを手に持って「働きます」と発音したあと、「て形」は何ですか、と学習者に尋ねる）

S：働いて

T：読みます

S：読んで

T：行きます

S：行って

例2)

T：高いです（教師は形容詞の文字カード、または絵カードを手に持って「高いです」と発音したあと、過去形（past tense）は何ですか、と学習者に尋ねる）

S：高かったです

T：静かです

S：静かでした

4）展開練習

「昨日、レストランで友だちと晩ご飯を食べました」のように、いつ、どこで、だれと、どうした、という内容を一文で言うと文が長くなります。初級の学習者にとって、それを一気に発話するのは大変なことです。そういう場合は少しずつ文を長くしていく練習をします。これが展開練習です。拡張練習ともいわれます。展開練習では下の練習のように要素を助詞で区切ることが多いため、学習者に助詞の働きを意識させることができます。

T：食べました（教師は文を長くしていく方法を実際に示す）

S：食べました

T：晩ご飯を

S：晩ご飯を食べました

T：友だちと

S：友だちと晩ご飯を食べました

T：レストランで
S：レストランで友だちと晩ご飯を食べました
T：昨日
S：昨日、レストランで友だちと晩ご飯を食べました

5）応答練習

　教師が質問し、学習者がそれに答えるQ&A練習です。どう答えるか指定
されている練習や学習者が自由に答える練習があります。指定されている場合
は、文法的な正確さを身につけるための練習です。また、自由に答える場合
は、学習者自身のことについて説明することが目的になります。また、そこか
ら自由に話を発展させることもできるため、コミュニケーションをとるための
第一歩となります。ですから、基本練習の終わりの段階ではできるだけ学習者
が自由に答えられる応答練習を設けるようにしたほうがいいでしょう。

（どう答えるか指定されている応答練習）
　T　：どんなスポーツが好きですか。（答えを与える）―サッカー―
　S1：サッカーが好きです。
　T　：どんな料理が好きですか。―日本料理―
　S2：日本料理が好きです。

（学習者が自由に答える応答練習で話を発展させる）
　T：Sさん、どんなスポーツが好きですか。
　S：バスケットボールです。
　T：そうですか。休みの日、バスケットボールをしますか。
　S：はい、します。ときどき大学のジムでします。
　T：いいですね。だれとしますか。
　（以下、続く）

6）完成練習

　文の一部を埋めて、一文を完成させる練習です。文を完成させることで学習
者に文型が正しく理解されているかどうかを確認します。このような練習をさ

せる場合は、ノートなどにしっかりと書かせてから口頭練習をさせましょう。

　以下は理由の「から」の使い方の練習です。学習者は下線部に語句を入れ、意味の通る文を作ります。1)、2) は前件を作らせる練習で、3) は後件を作らせる練習です。

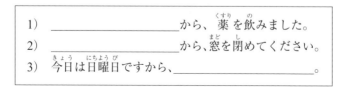

　このように、さまざまな基本練習があります。基本的には口頭練習の形をとることが多いのですが、一文やキューが長い場合は文字で確認をさせたほうがいいでしょう。

5-2　学習者が積極的に参加できる練習を用意する

　パターン・プラクティスはつまらないから、あまりしたくないという学習者がいます。頭でわかったから、もう大丈夫という学習者もいますが、基本練習ができていないと、そのあとにする実際の会話に近い練習や活動がスムーズにできなくなってしまいます。ですから、機械的な練習はある程度必要だと説いて、割り切って練習をさせましょう。また、学習者が積極的に練習に参加できるように教材を工夫しましょう。さまざまな視覚教材を使って練習に変化をつけたり、教師がオリジナルの教材を作ったりすることで、単純な基本練習を楽しい活動に変えることも可能です。

　「て形」の変換練習をする場合、教師主導の変換練習ばかりではなく、学習者をグループに分け、動詞の文字カードや絵カードを使った変換練習をグループ活動にするのも1つの方法です。練習の目的はグループ全員が助けあって「て形」が言えるようになることです。各グループに動詞の文字カードまたは絵カードを1セットずつ配ります。カードの表側には動詞の辞書形か「ます形」、または動詞を表す絵が描いてあります。裏側には文字で動詞の「て形」が書いてあります。グループの真ん中に表側を上にしたカードを置き、学習者は順番にカードをめくり、「て形」を言います。裏側を見て答えを確認しま

す。これを最後まで繰り返しますが、変換できない学習者がいたら、学習者は互いに助けあいます。この変換練習は「て形」だけでなく、いろいろな活用形の練習にも使えます。

　次は存在文「(場所) に…があります」の練習です。ここではオリジナルの地図教材を使って練習をさせます (図7)。たとえば、学習者が普段よく行く店を描いておくと、興味を持ってくれるでしょう。応答練習をしながら同時に学習者が普段どんなお店によく行くか質問したり、お店の情報交換などをしたりすることもできます。このような教材を使うと、学習者が積極的に練習に参加し、発話の量も多くなります。

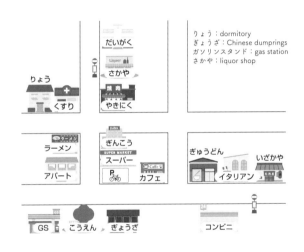

図7　存在文の練習のための地図

このような地図を使って、以下のような応答練習が可能です。

T ：大学の隣に何がありますか。
S1：酒屋があります。
T ：S1 さんはこの酒屋に行きますか。
S1：はい、ときどき行きます。
T ：どんな店ですか。
S1：いろいろな国の食べ物があります。便利です。

T ： そうですか。便利ですね。それでは、S2 さん、酒屋の隣に何があります
　　　か。

S2： 焼き肉屋があります。

T ： S2 さん、この焼き肉屋で食べますか。

S2： はい、食べます。おいしいです。

T ： そうですか。いいですね。

（以下、続く）

　教科書にはさまざまな基本練習が載っています。1 つの文型に対してどんな
基本練習があるか確認しましょう。また、練習の一つひとつがどんな目的で作
られているかも確認したほうがいいでしょう。オリジナルの教材を作る場合
も、その練習の目的を明確にして作成することが大切です。

POINT

1　文型の導入は状況を設定し、その中で理解させる。

2　導入には語彙、文型の導入があり、文型の導入には意味の導入と形の
　　導入がある。

3　導入の際は、既習の項目と関連づける。

4　日本語で説明する場合は、語彙のコントロールを心がける。

まとめタスク

▶　冒頭のキーワードの意味を、クラスメートと互いに説明しあってくだ
　　さい。

▶　初級の学習者に図 4 の「相談する」を導入する際、どのように説明
　　しますか。その際、語彙のコントロールを心がけてください。

▶　動作の進行を表す「（動詞）ています」を教師と学習者の Q&A で導
　　入してください。

COLUMN 4
「手で書く」練習は不要か

　日常生活の中で「書く」ということが、ほとんどスマホやパソコンでおこなわれるようになった現在、かなも漢字も見てわかれば十分という考え方があります。「手で書く」という学習は不要なのでしょうか。

　スマホやパソコンで漢字を書く場合、かな（ローマ字）で書いて変換することになります。漢字の候補が表示されるので、その中から選べばいいのですが、そのとき日本人は、漢字の形を一瞬で判別して正しい漢字を選択することができます。なぜ、このようなことができるのでしょうか。

　それは、日本人が漢字の構造、構成法を理解し、パーツ（部首など）に分解して解釈しているからなのです。このように、漢字をパーツの組み合わせとして認識できるようになるためには、基礎的な漢字、つまりほかの漢字のパーツとして使われるような漢字を、自分の手で書いてみる、書けるようになる、という練習が欠かせません。

　その技術を習得するため、日本の小学校では、1年生の1学期にかなの正しい書き方（鉛筆の動かし方：筆画と書き順）を徹底的に指導します。並行して教科書の音読もしますが、見て読めるだけではだめなのです。

　なぜなら、かな（特にカタカナ）の書き方の理解は、漢字の構成法の理解に直接つながっているからです。ですから、かなを自分の手で正しく書けるということは、漢字を理解するために絶対に必要なことなのです。

　なお、日本では小学校1年生から国語の中に「書写」（習字、書道）の時間を設けています。書写の授業では、自然にストローク（筆画）や書き順に強い注意が向けられるからです。

　できることなら、初級レベルの日本語の授業でも導入するとよいと思います。筆を使って文字を書く授業をすると、日本文化の伝統を学ぶことができる、と多くの学習者が喜びます。

　小学校で書写の教具として使う「水書セット」というものがあります。特殊な紙に水で濡らした毛筆や筆ペンで書くもので、これを使えば、教室活動に手軽に書写を取りいれることができます。

第5章

初級の教え方を考えよう
「状況練習」から「統合的な練習」へ

この章を理解するための　▶ ▶ ▶　キーワード

▶状況練習、統合的な練習
▶インフォメーションギャップ、タスク活動、ロールプレイ
▶コミュニケーションゲーム、ビジターセッション
▶教案

　この章では前章で述べた「導入」「基本練習」に続き、「状況練習」「統合的な練習」について具体的に例を挙げながら示します。

1

状況練習

　基本練習の段階は教師主導で自由度も低く、学習者はパターンどおりに文を作る練習が中心の段階です。少しでも真のコミュニケーションに近づけるための練習が、次の**状況練習**です。ここでの状況練習とは、状況を表す短い会話の中で学習項目になっている文型や表現を使う練習を指します。基本練習ではできなかった会話の始め方や終わり方、相づちの使用などを意識させ、1つの状況の中でまとまりのある会話を練習させます。

　次の状況練習の例は週末の行動を説明し、その感想を述べる会話です。ここで学習項目になる文型は形容詞の過去形なので、基本練習で過去形への変換練習は済んでいなければなりません。ここでのポイントは学習者が感想を求めら

73

れたとき、形容詞の過去形を使って自分の感想を表せるかどうかということです。

　　A：Bさん、おはようございます。週末、どこかへ行きましたか。
　　B：ええ、<u>お寿司を食べに行きました。</u>
　　A：へえ、いいですね。お寿司はどうでしたか。
　　B：<u>とてもおいしかったですよ。</u>
　　A：そうですか。よかったですね。

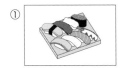　　　　　

図1　状況練習のための教材

　まず初めに、会話の内容を学習者に理解させます。教師は図1の①の絵と文字カードを見せながら、一人でA、Bを読み、学習者に会話を聞かせ、内容を理解させます。会話の流れを理解させるために教師は会話全体を2、3回繰り返して読みます。その後、学習者に会話文を見せて音読をさせます。
　　次に会話文を見ずに、絵と文字カードを見て会話を作りあげる練習です。初めに教師（T）がAのパートをします。

　　T：Sさん、おはようございます。週末、どこかへ行きましたか。
　　　　（教師はSに①の絵を見せる）
　　S：はい、<u>お寿司を食べに行きました。</u>
　　T：いいですね。どうでしたか。（教師はSに①の文字カードを見せる）
　　S：<u>とてもおいしかったです。</u>
　　T：そうですか。よかったですね。

　　次は、学習者にAのパートも練習させます。その際「いいですね」「そうですか」などの相づちのイントネーションにも気をつけさせて練習を進めます。教師と一緒にAのパート、Bのパートを練習させたら、そのあとは学習者同

士でペアワークをさせます。十分に練習ができたら、最後は応用練習です。週末何をしたか、どうだったかを実際に学習者たちがしたことについて互いに話をさせます。余裕があったら、そのあとの会話を自由に発展させれば、自由度が増す活動になります。

　もう1つの練習を紹介します。第4章の図7（p. 69）を使った状況練習です。第4章では応答練習に使った図を、ここでは状況練習に使います。この練習は店などの所在を尋ねる練習です。図7を見せながら、教師は提示した会話文を学習者に聞かせ、会話の流れを把握させます。ここで学習項目になる文型や語彙は存在文、所在文と位置詞ですが、そのほかにも会話の始め方と終わり方、同意や確認を求める終助詞の使い方にも気をつけさせます。四角の中のことばは学習者が地図を見て自由に入れ替えて練習をします。初めは提示された会話文を頼りに練習をしますが、最後には会話文を見ずに会話が展開できるようにします。

〈ATM の場所を尋ねる〉

A：あのー、すみません。この近くに ATM はありますか。

B： ATM ですか。…ええ、ありますよ。

　　あそこに スーパー がありますね。

A：はい。

B： スーパーの隣に銀行 があります。 ATM は銀行の中 にありますよ。

A： 銀行の中 ですね。ありがとうございました。

B：いいえ。

　このような状況練習は、初級の日本語教科書に練習の1つとして載っている場合が多く、絵やイラストを見て発話できるように工夫されています。状況や会話の流れを理解したうえで、絵やイラストを見て発話をさせますが、会話全体を暗記させるのではなく、絵やイラストを頼りに発話させるようにし、同じような状況で会話ができるようにします。教師自身が状況練習のための会話を作るときは、会話の開始部や終結部の表現や相づち、終助詞、フィラー[1]な

1　フィラーとは、「ええと」、「まあ」、「あのう」など、会話の合間に入ることばで、会話を円滑にするためのものです。

どを意識して入れ、自然な会話に近くなるよう気をつけます。

. . . .　**2**　. . . . .

統合的な練習

　ここまでの教室活動は、主に教師が主導する練習が中心になっています。また、第 4 章の図 1（p. 55）を見るとわかるように、代入練習や変換練習などの基本練習は正確さを身につけるための練習です。ですから、発話時に自由度がほとんどありませんし、状況練習も決められた状況の中での発話なので、自由度は低いといえます。自由度を高め、実際のコミュニケーションに近づけた練習をするために、状況練習の次の段階ではよりコミュニカティブな活動を取りいれます。ここではそのような活動を**統合的な練習**と呼びます。

　コミュニカティブ・アプローチ《➡第 3 章参照》では、コミュニケーションの過程に注目し、以下のように 3 つの特徴を取りあげています。

1) コミュニケーションをするとき、情報の発信者と受容者の間には情報差があり、その差を埋めるために言語活動をする（**インフォメーションギャップ**）
2) コミュニケーションをするとき、どんな表現やことばを選ぶかは自由である（選択権）
3) 自分の言うべきことはコミュニケーションの流れや相手の言うことで決まる（フィードバック）

　今までの基本練習や状況練習はコミュニケーション力を養成するための途中の段階なので、これらの 3 つの特徴はあまりありませんが、それ以降の練習には、これらの 3 つの特徴を取りいれていきます。どんな活動があるかいくつか紹介します。初級レベルの活動を考えた場合、学習者にとって単純でわかりやすいことが求められます。

2-1　インフォメーションギャップ（情報差）を利用した活動
　まず、地図を使ったインフォメーションギャップの活動を紹介します。図 2

のAとBの地図には情報のギャップがあります。AまたはBの地図を持った学習者がペアで活動をし、互いに聞きあい、欠落した情報を補います。この活動は存在文「（場所）に〜があります」と所在文「〜は（場所）にあります」の文型を学習し、基本練習や状況練習が終わった段階でする活動です。まずAが欠落した情報「スーパーの場所」をBに尋ねます。Bの答えを聞いて、Aは空白に情報を書き入れていきます。AとBで交互にこのやりとりを繰り返し、空白を埋め、地図を完成させます。

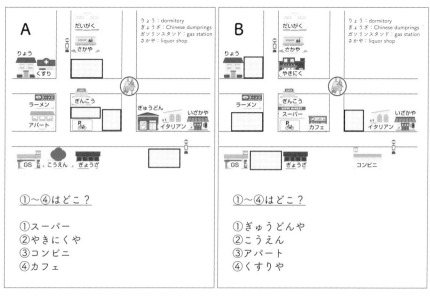

図2　スーパーはどこですか

　教師は活動の目的を日本語または媒介語を使って説明し、モデルとなるやりとりを示します。その後、学習者はペアで活動をします。以下は想定される学習者同士のやりとりです。

　A：すみません、この近くにスーパーはありますか。
　B：スーパーですか。スーパーは銀行の隣にありますよ。
　A：そうですか。ありがとうございます。

　最後に情報のやりとりが正しくおこなわれたかを、教師が「公園はどこにありますか」などのように質問をして、確認をします。正しい答えが返ってくれば、活動は成功です。

　次の図 3 も、インフォメーションギャップを利用した活動です。部屋の中に名前のわからない人が何人かいます。その名前の情報を得るためにする言語活動です。初級文型の中の動作の進行を表す「（動詞）ている」と名詞修飾文をさらに定着させるためにおこなう活動です。

図 3　アンナさんはどの人ですか

　A の絵を持った学習者は、アンナ、メイ、ジャンがどの人かを B の絵を持っている学習者に尋ねます。そのときに学習項目になっている文型を使わせます。想定される学習者同士のやりとりは以下のようになります。

　A：すみません、アンナさんはどの人ですか。教えてください。
　B：アンナさんですか。アンナさんはソファに座って、飲み物を飲んでいる人です。
　A：飲み物を飲んでいる人ですね。
　B：そうです。
　A：ありがとうございます。

2-2 タスク活動

　コミュニケーション重視の教室活動の1つに**タスク活動**があります。タスクとは課題や仕事という意味です。私たちが実際に言語活動をするとき、その目的は何でしょう。たとえば、週末友だちと何を食べに行くか決めるためにインターネットのレストラン情報を見ながら相談する、あるいは大学から近くて安いアパートを探すなど、私たちは日常的にタスクを達成するために言語活動をしていることがわかります。また、これらの言語活動を見た場合、話すだけ、または読むだけの単独のスキルしか使わないことはまれです。同時に複数のスキルを使いながらタスクを達成していることわかります。インターネットで情報を読む、友だちと話して相談する、SNSのメッセージ機能を使って友だちに知らせるなど多技能を使うことが普通です。これを日本語学習の練習に取りいれたのがタスク活動です。

　初級の場合は、既習の文型を使わせることを目的にした小さいタスクがやりやすいでしょう。また、さまざまな国、地域から学習者が集まっている場合はクラスメートの文化が理解できるような内容に、また1つの国籍の学習者が集まっている場合でも異文化理解につながるようなタスク活動を工夫するといいでしょう。タスクシートを作る際は複雑ではなく、見たとき直感的に何をすればいいかわかるものが望ましいといえます。やり方を説明するときは、必要だったら、媒介語を使用します。また、タスク活動を始めるときは、教師が一人の学習者を相手にモデルを示し、学習者がどうしたらいいか迷わないようにします。また、活動の終わりにはタスクシートの内容を発表する時間を設け、みんなで情報を共有するといいでしょう。

　次に具体例を示します。

1）あなたの国で○○してもいいですか。

　文型「（動詞）てもいい／てはいけない」を使うタスクです。初めにタスクシート（図4）を配布します。このタスクの目的は、4つの項目「お酒を飲む」「車の運転をする」「結婚する」「たばこを吸う」が、クラスメートの国では何歳から許可されているのかを互いに知ることです。それぞれの国の事情が理解できるタスクです。

	_____ さんの国	_____ さんの国	_____ さんの国
お酒を飲みます			
車の運転をします			
結婚をします			
たばこをすいます			
_____?			

図4　タスク「あなたの国では何さいから～てもいいですか」

　学習者はやり方を理解したら、クラスメートの一人に名前を尋ね、シートに書き入れます。シートにある質問をしたら、答えをタスクシートに記入します。一人だけではなく、複数のクラスメートに尋ねるタスクです。シートの最後の欄は、学習者がクラスメートにしたい質問をつけ加えます。ペアワークが終わったら、どんな結果になったか発表をさせます。クラスメートの国の事情に学習者は興味を示し、話が発展していくでしょう。タスクなので会話の流れなどは基本的に自由ですが、こんな会話の展開が予想されます。

S1：S2さんの国ではお酒を飲んでもいいですか。
S2：ええ、いいですよ。
S1：何歳から飲んでもいいですか。
S2：ええと、18歳から飲んでもいいです。でも、家では何歳でもいいですよ。S1さんの国は？
S1：私の国は、お酒を飲んではいけません。
S2：へえ、そうですか。どうしてですか。
S1：私たちはムスリムですから。
S2：あー、そうですか。

2）クラスメートの経験を聞いてみよう。

　次の例は日本に来てからどんな経験をしたか互いに聞きあうタスクです。日本に来てから学習者たちはいろいろな経験をします。楽しい経験ばかりではないと思いますが、ここでは図5のタスクシートにあるような経験を互いに聞きあいます。そのあとで学習者が聞きたい質問をつけ加えさせます。きっと個

人的にこんな経験をしたことがあるかどうかクラスメートに聞いてみたいことがあるでしょう。そこから話が発展するとおもしろいですね。

	＿＿＿＿＿さん	＿＿＿＿＿さん
富士山に登ります 		
着物を着ます 		
京都へ行きます 		
新幹線に乗ります 		
〈あなたの質問〉		

図5　タスク「日本での経験を聞いてみよう」

　このようなタスクをすることで、学習者たちの異文化理解や相互理解が深まり、学習項目になっている文型の定着（この場合は「（動詞）たことがありますか」）も図れます。

　教師がタスクを作る場合は、あまり複雑なものにならないようにしましょう。やり方が複雑で、やるべきことがはっきりとわからないと、説明や理解に時間がかかってしまいます。何をすべきかがすぐにわかるタスクを作るようにしましょう。市販のタスクの本[2]を見て参考にするのもいいでしょう。

2-3　ロールプレイ

　ロールプレイとは、役割（ロール）を学習者に与え、その役割を演じさせ（プレイ）、目的を達成させる活動です。学習者の日常生活や学習目的にあった

2　タスクを扱った参考書の例：砂川有里子（監修）（2008）『おたすけタスク―初級日本語クラスのための文型別タスク集―』くろしお出版

81

設定が可能になるので、学習効果が上がる場合が多く、学習者が社会において日本語を使用する場面を想定したこの種の練習は、学習者の実践的なコミュニケーション能力を育てるのに大いに役立つといわれます。この活動は、先ほどのコミュニケーションの過程の3つの特徴（p. 74）という点から考えると、インフォメーションギャップ、選択権、フィードバックのいずれもが考慮された活動といえます。また、ロールカードに社会的立場を明確に記せば、ふさわしい丁寧さのレベルを学習者に選択させることもできます。

　次に挙げるのは、初級レベルのロールプレイの例です。初級レベルの場合、「選択権」といっても、語彙や文型が限られるため、既習の語彙や文型を使うことを想定したロールプレイになることが多いです。次の例は「勧誘する、受ける」のロールプレイですが、状況練習などで勧誘の練習をしたあとに、一層の定着を図るためにさせるのもいいでしょう。役割を理解させるためにはロールカードを使います。ここでは日本語で例を示してありますが、適宜媒介語に訳して学習者に提示します。また、学習者の理解できるレベルに語彙をコントロールした日本語で書かれることもあります。ロールカードにはコミュニケーション機能や人間関係、そしてするべきことが書かれています。また、インフォメーションギャップをつけるために、相手のロールカードを読まないようにします。

例）ロールプレイ「勧誘する、受ける」

　ロールカードA

> あなたは今、会社にいます。会社の同僚をサッカーの試合に誘ってください。試合は来週の金曜日の午後7時からです。
> 場所：ABCスタジアム、駅からバスで30分

　ロールカードB

> あなたは同僚からサッカーの試合を見に行こうと誘われました。行きたいので受けてください。そして、何時にどこで待ち合わせをするか相談してください。

　ロールプレイをするときの教師は、一種のファシリテーター《➡第1章参照》

です。ロールプレイがスムーズに進行するように気を配ります。途中で口を挟んだり、誤用の指摘などはおこなわず、学習者の様子を観察し、ロールプレイ終了後に誤りや不適切な部分をフィードバックするようにします。文法や表現、社会言語的な誤りなどを指摘します。社会言語的な誤りとは、たとえば、相手によって丁寧さのレベルが適切に選べない（丁寧体と普通体の選択）、また、会話の切り出し方や終わり方がうまくできない、などがあります。初級レベルではできることが限られますが、この段階からこのような誤りに気づかせることは大切です。

2-4　コミュニケーションゲーム

　言語教育用に開発されたのではない普通のゲームを使った活動を紹介します。言語を使った勝敗を争うゲームは、その過程が真のコミュニケーションになっているといえるでしょう。そのような**コミュニケーションゲーム**のやり方は普通のゲームと同じですが、日本語の文型や表現を意識して使いながらゲームを進めるところだけが異なります。以下は、初級レベルの学習者ができる簡単なゲームです。

1）ビンゴゲーム

　ビンゴゲームは一般的に数字をマスに書き入れておこないますが、数字だけでなく、既習の単語を書き入れてすることもできます。

2）スリーヒントゲーム

　一人の学習者がほかの学習者から３つのヒントをもらってことばを言い当てるゲームです。教師はことばが書いてあるカードを学習者Aの頭上に掲げます。Aはことばを見ることができないので、ほかの学習者からのヒントでそれが何かを考えなければなりません。たとえば、図書館と書いたカードを見た学習者は「本があります」、「本を借ります」、「この大学にあります」などの３つのヒント

をＡに与えます。チーム対抗にしてもゲーム性が出て、楽しく活動できます。初級レベルの半ばあたりになると語彙や表現も増えるため、楽しく活動することができるでしょう。

3）椅子取りゲーム

「青いシャツを着ている人」、「眼鏡をかけている人」、「朝ご飯を毎日食べる人」のように名詞修飾文の練習と定着に使えるゲームです。椅子が取れなかった学習者が次に文を言い、ほかの学習者が椅子を取るために動きます。

4）しりとり

初級レベルの後半になると、語彙も増えるため、楽しく競いあえます。チーム対抗でするのもいいでしょう。

このように普通のゲームでも楽しく学習ができますが、もっといろいろなゲームについて知りたい場合は、ゲームを扱った市販の教材[3]があるので参考にするといいでしょう。

2-5　そのほかの活動

そのほかのコミュニケーションを重視した統合的な活動例をいくつか紹介します。いずれも話す、聞く、書く、読むの四技能のうち、複数の技能を使った活動で、学習者が主体となります。教師は目的や方針を説明するにとどめ、活動の多くは学習者の自主性に任せます。その過程を見ると、日本語力が不足している場合は互いに補いあい、学習者同士が互いに協力しあって進めていくことがわかります。いわゆる協働学習の形をとっています。これらの活動は初級レベルの半ばあたりからすると効果が上がるでしょう。

1）日本人とのおしゃべりタイム（**ビジターセッション**）

教室に日本人を招き、学習者が日本人と話す時間を設けます。日本国内で日本語を学習している人でも、なかなか日本人と話すチャンスがない場合があり

3　ゲームを扱った参考書の例：CAG の会（編）（2007）『日本語コミュニケーションゲーム 80［改訂新版］』ジャパンタイムズ出版

ます。この活動の目的は学習してきたことが実際に使える満足感や達成感を感じてもらい、日本語でコミュニケーションするのは楽しいと思ってもらうことです。また、これ以降の日本語学習への動機づけにつながることも期待できます。

　おしゃべりのテーマは教師が考えても学習者に選ばせてもいいでしょう。教師が選ぶ場合は、学習の進度に応じて考えることができます。テーマは日常的なことが中心になります。たとえば、「週末の過ごし方」「この町のおもしろい所」「好きな日本料理」「趣味について」「おすすめの旅行先」などが挙げられます。日本人には各グループに入ってもらい、選んだテーマで互いに話をします。初級の段階ではどんなことを聞きたいかあらかじめ学習者に質問を考えさせておくと、スムーズに話しあいが始められます。

　活動の最後には締めくくりとして、互いに得た情報をまとめて発表させます。知りたい情報を、日本語を介して得ることができ、学習者には満足度が高い活動になります《➡コラム5「ビジターセッション」参照》。

2）Show & Tell

　自分の出身国のもので、クラスメートにぜひ見せたいと思うものをクラスに持ってきて説明をする活動です。実物がない場合は、写真などを利用します。どんな物でもいいのですが、食べ物や特産物、工芸品や人物の写真を持ってくる学習者が多くいます。クラスメートの出身国（地域）のものはみんな興味を示します。もし、出身国がみな同じ場合は学習者の出身地域のものを説明させるのもいいでしょう。

3）親睦会の準備

　学期中に予定されている親睦会やパーティーの準備をするタスク活動です。親睦会ですることを話しあって決めます。話しあいの進行役も学習者の中から選ばせます。話しあいでは親睦会の進行役、料理を作る係、スナック準備係、ゲーム・音楽係などを決めます。役割が決まったら、それぞれがクラス外で準備を進めます。また、クラス外で準備を進めるときに必要になる日本語の指導もおこないます。たとえば、DVDプレーヤーを事務所から借りてくるときの言い方や、料理の材料について店で尋ねるときの表現などです。準備の詳細を

決めるときは媒介語や母語を使用しても構いません。最後に親睦会の進行役の
日本語を教師が指導して親睦会に臨みます。このタスクは親睦会の約1ヵ月
前から始めます。週に1回授業の終わりに進捗状況を報告し、問題点を話し
あったり、教師が日本語の指導をおこなったりします。無事に親睦会が終わる
と、学習者同士の関係も深まり、日本語力の向上も期待できます。

3
教案作成

　初級の指導をどのように進めていけばいいか、第4章の図1（p.55）に沿っ
て説明してきました。それでは実際に教室で1つの文型を指導する場合、導
入にどんな場面を準備し、それにどんな教材を使い、どのぐらい時間をかけれ
ばいいのでしょうか。基本練習はたくさんありますが、導入のあとにはそのう
ち、どれとどれをどのくらいおこなえば効果的なのでしょうか。また、ペア
ワークやグループワークをどのように練習に取りいれるかなども考えなければ
なりません。授業前にはこのようなことを考え、具体的に授業計画を立ててお
く必要があります。授業計画は時間に沿って書き表していきますが、時系列に
書いたものを**教案**といいます。
　教案作成をするにあたっては、以下のようにいくつかのことを把握しておく
ことが必要です。

1)　指導項目の全体の中での位置づけを把握し、既習の項目や次に学習する
　　項目など、前後のつながりを確認しておきます。この把握が不十分だ
　　と、教案作成時に必要な指導を飛ばしてしまったり、授業時に未習項目
　　を説明に使ってしまったりなど、語彙のコントロールが十分にできなく
　　なることがあります。

2)　自分が担当する課の到達目標を把握し、さらに担当する指導項目の到達
　　目標を考えます。つまり、マクロ的、ミクロ的な目標を設定しておくこ
　　とが大切です。

3)　学習者の数、母語、出身地、また、学習者がだれとどこに住んでいる
　　か、仕事やアルバイトをしているか、学生だったら専門は何かなど生活

についてもある程度把握しておきます。

4) 机の配置のほかにも、教室の設備や使える教具も確認しておきます。机の配置は活動の種類によっても異なるため、活動がスムーズにおこなえるような配置を考えることが大切です。全体で意見交換をおこなったり、教師の話を聞いたりする場合、コの字型にするといいでしょう。また、グループ活動をする場合には、アイランド型（島型）にすると活動がしやすくなります。人数が少ない場合は、弧を描くように机を並べると活動がスムーズにおこなえます。

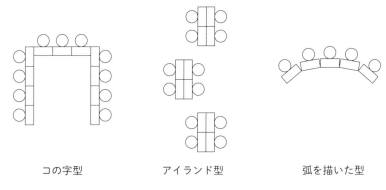

　　　コの字型　　　　　　　アイランド型　　　　　　　弧を描いた型

図6　教室の机の配置

　以上のことを確認したうえで、授業時間に応じた授業の内容を組みたてていきます。89ページの「教案例」を参考に見てください。初めに、日付、指導する学習項目、到達目標、教材などを書き入れます。授業の流れを書くためには、「所要時間」「指導項目」「導入、練習の方法」「使用教材」「教師の活動／板書」、想定される「学習者の活動／活動形態」「留意点」などの欄を設けて書き入れます。決まったフォーマットがあるわけではないので、自分なりに使いやすい教案を作成してもいいでしょう。

　教案の詳しさは、教師の経験の長さや教師個人によって違います。教師経験が長くなると、簡単なメモ程度で授業をおこなう教師もいますが、教師経験が浅い場合は、できるだけ詳しく書いたほうがいいでしょう。活動と活動をスムーズにつなげるためにも教師の話すことばや指示のことばを教案に書いておくと安心できます。また、語彙のコントロールを確かにしたい場合は、教師が

話すことばを台詞のように書いておくのもいいでしょう。ただし、実際の授業では教案ばかり見ていると学習者の様子が把握できません。詳しく書いた場合でも、事前に頭の中に入れておき、授業ではそれをできるだけ読まずに進めます。また、いくら素晴らしい教案を書いても授業がそのとおりに進むとは限りません。導入がうまくいかない場合や学習者が理解できずに質問してくる場合もよくあります。そんなときは焦らず、前のステップに立ち戻って学習者の理解を確かめます。主体は学習者です。学習者中心に授業を進めましょう。

　教案については、この本の姉妹書『日本語を教えるための教材研究入門』（くろしお出版）にも書かれているので、ぜひ参考にしてください。

POINT

1　状況練習は暗記をさせるのではなく、同じような状況で会話ができるようになることが大切である。

2　統合的な練習を教師が作成する場合、学習者が主体的に練習できるように心がけ、できるだけ多技能を使わせる工夫をする。

3　授業をする際、慣れないうちはできるだけ詳しく教案を書いておいたほうがいい。

まとめタスク

▶　冒頭のキーワードの意味を、クラスメートと互いに説明しあってください。

▶　初級レベルの日本語の教科書から1つの指導項目を選び、インフォメーションギャップを利用した活動を作成してください。

▶　初級レベルの日本語の教科書から1つの指導項目を選び、タスクを作成してください。

教案例

7月23日（木）			日本語初級　○×課		担当者：向　芽衣	
指導項目			辞書形の復習／「Vことができます」の導入と基本練習	学習者8人：インドネシア、ベトナム、中国、スリランカ 教材：動詞文字カード、動詞絵カード、写真、漢字カード		
到達目標：自分のできること、できないことが言えるようになる。						
所要 時間	指導項目	導入・練習 の方法	使用教材	教師の活動／板書（スライド）	学習者の活動／ 活動形態	留意点
3分 10 分	ウォーミン グアップ 辞書形 復習			（宿題回収、事務連絡など）		
				みなさん、先週、動詞の辞書形 dictionary form を勉強しました ね。今日は復習 review します。先生が「ます形」を言いますから、 みなさんは「辞書形」を言ってください。	コーラスで言わせた あとに個別に	動詞はグルー プ別にスピー ディーに
		変換練習	動詞文字 カード	IIグループからしましょう。みんなで言ってください。 　　「食べます」辞書形は？ 　　「覚えます」辞書形は？ 　　　　　　： 次はIIIグループです。みんなで言ってください。	「食べる」 「覚える」	
				「来ます」 　　「します」 次はIグループです。 　　「話します」 　　「読みます」 　　　　　：ㅤ	「来る」 「する」 「話す」 「読む」	言えなかったら、 作り方を説明 する
		目標提示		みなさん、とてもいいですよ。それでは今日の勉強を始めましょ う。今日の目標です。「自分ができること、できないことが言える ようになります」ボードを見てください。英語です。 　板書 "Today's target : You will be able to state what you can do 　　　　 or can't do."		よくできたら、 褒める
8分		導入	漢字カード	見てください。これは漢字です。読んでください。（漢字カード 「車」を見せる） そうですね。「車」です。これは？「森」 そうですね。みなさんは漢字を勉強しましたから、この漢字を読む ことができますね。（2回繰り返す）	「くるま」です。 「もり」です。	S の反応を よく見る
			写真	この写真は何ですか。（お寿司の写真を見せる）お寿司の作り方は 難しくないです。昨日、先生が作りました。先生はお寿司を作る ことができます。（2回繰り返す） 　板書 みなさんは漢字を読むことができます 　　　　 先生はお寿司を作ることができます みんなで言ってください。 　　「漢字を読むことができます」 　　「お寿司を作ることができます」	「お寿司」です。 コーラス 「漢字を読むことが できます」 「お寿司を作ること ができます」	
		導入確認		S1 さん、ひらがなを書くことができますか。（S 何人かにランダム に聞く） S2 さん、お寿司を作ることができますか。 S3 さん、英語を話すことができますか。	はい　個別ランダム いいえ はい	答えが返って こなかったら、 再度導入
10 分		形の導入		それでは次は作り方を勉強しましょう。 　板書 ～は　V（辞書形）ことができます 「ことができます」は辞書形と一緒に使います。 　板書 ひらがなを書くことができます 　　　　 お寿司を作ることができます 「書く、作る」は辞書形です。 みんなで言ってください。 　　「ひらがなを書くことができます」 　　「お寿司を作ることができます」	 コーラス 「ひらがなを書くこと ができます」 「お寿司を作ることが できます」	
		変換練習	動詞文字 カード	それでは練習をしましょう。Iグループの動詞からです。 書きます、書くことができます。みんなで言ってください。 　　「読みます」 　　「作ります」 　　「使います」 　　　　：ㅤ	コーラス 「書くことができます」 「読むことができます」 「作ることができます」 「使うことができます」	

COLUMN 5
ビジターセッション

　日本語を教えるクラスでは、学校内外の日本人を招いて学習者と日本語で活動をするビジターセッションをすることがあります。活動の内容はいろいろですが、私が担当する初級後半のクラスでは自由なテーマで話しあう活動をよく取りいれます。学習者が活動で話したいことはさまざまです。日本のサブカルチャーに興味を持ち、それが動機で日本語学習を始めた学習者も多く、日本のアニメ、まんが、ドラマ、音楽など話しあいのテーマには事欠きません。教師としては活動の際にクラスで習った日本語を正しくたくさん使ってほしいと思うのですが、学習者はそれより自分の興味のあることを日本語で話したい、日本人とコミュニケーションをしたいという思いが強いようです。

　学習者はビジターセッションを通し、何を得るのでしょうか。参加する日本人には「話しあいのときはできるだけ簡単な日本語で話してください」とお願いします。しかし、一般の日本人にはどういう日本語が「簡単」なのかわからないことが多いのです。難しいことばでもゆっくり繰り返せばわかってもらえると思っている人もいます。教師は学習者に、コミュニケーションに行き詰まったときに使うストラテジー、たとえば聞き返す、言い換える、確認を求める、などを前もって指導しておきますが、活動中は静観して学習者の様子を見守ります。互いにコミュニケーションしたいという気持ちが強いためか、話しあいでは大きな問題は起きません。また、少々難しいことばが出てきても興味があることなら学習者はすぐに覚えてしまいます。知りたい、わかりたいという欲求が言語の習得に結びついていることがよくわかります。初めは四苦八苦していた日本人参加者も学習者が理解できるように説明に工夫をしてくれるようになります。

　日本語が通じない挫折感を味わうかもしれませんが、日本語を介して自分の言いたいことが言え、知りたいことがわかるようになるという経験には普段の授業では味わえない満足感や達成感があり、それ以降の日本語学習への動機づけにつながっていくはずです。活動が終わるころには学習者は日本人参加者とSNSを交換し、人とのつながりを広げていきます。活動中に見せる学習者の生き生きとした顔がいつも印象に残ります。

第 6 章
初級から中級の
教え方を考えよう

この章を理解するための ▶ ▶ ▶ キーワード

▶日本語能力試験

▶ CEFR、JF スタンダード、基礎段階の言語使用者、自立した言語使用
　者、熟達した言語使用者、ヨーロッパ言語ポートフォリオ（ELP）

▶ TBLT、CLIL、対話的活動、反転授業

　教科書や補助教材、教え方マニュアルが豊富にある初級から、次に中級の学
習者に日本語を教える場合、何がどう変わるのでしょうか。そして、どのよう
に教えればいいのでしょうか。この章では、初級～上級のレベル別の学習者の
違いと、中級の学習者への教育方法について学びます。

1
中級の目的、内容、具体事例

1-1　初級・中級・上級を分ける基準

　私たちはよく言語習得のレベルを初級・中級・上級というように表現します
が、これは何を基準にしているのでしょうか。

　みなさんの中には、日本語を母語としない方で**日本語能力試験**（Japanese
Language Proficiency Test; JLPT）¹ を受けた経験のある方も多いことと思いま

1　日本語能力試験は、日本国際教育支援協会と国際交流基金が主催している日本語能力の
　検定試験。日本をはじめ、世界の多くの国や地域で受験ができます。言語知識、読解、聴解

す。ご存知のように、この試験には N5 から N1 までのレベルがありますが、この試験では初級・中級・上級などの表現は使っていません。ただ経験的に言うと、N5 はいわゆる初級、N4 は初中級、N3 から N2 が中級から中上級、そして N1 は上級と考えられます。なお 2009 年までの旧日本語能力試験では、1〜4 級というレベル分けになっており、それぞれの級の目安として、それまでに費やした学習時間の総計や習得した語や漢字、文型や機能表現の数などを示していました（表1）。

表1　旧日本語能力試験の級別基準 [2]

	学習漢字数	学習語彙数	学習時間の目安
1 級	2,000	10,000 語	900 時間
2 級	1000	6,000 語	600 時間
3 級	300	1,500 語	300 時間
4 級	100	800 語	150 時間

　これが初級〜上級レベルの1つの目安として考えられていました。しかし、新試験では、こうした基準が示されていません。なぜでしょうか。その理由は、「文法や漢字をこれだけ覚えればこのレベル」という知識のリストを出してしまうと、「それらを覚えればこのレベルになれる」と誤解されてしまうからです。日本語能力試験の Web サイトには「日本語学習の最終目標は、語彙や漢字、文法項目を暗記するだけではなく、それらをコミュニケーションの手段として実際に利用できるようになることだと考えています」と書いてあります。実際に、日本語能力試験の対策問題集で日本語を覚えて、旧日本語能力試験の1級に合格した日本語学習者でも、日本語がまったく使えないというケースをよく見てきました。

　現在は、その言語を使って「〜ができる」という Can-do の形で表すことが多くなっています。日本語能力試験の Web サイトが示している Can-do リストを表2に示します《➡ Can-do 評価については第 10 章参照》。この章で扱う初級から中級にかけてのレベルは、日本語能力試験のレベルでいえば N4 になる

　に分かれています。「日本語能力試験」https://www.jlpt.jp/about/levelsummary.html
2　「旧試験新試験認定の目安」https://www.jlpt.jp/about/pdf/comparison01.pdf

かと思います。N4 レベルの能力の記述には「基本的な日本語を理解すること
ができる」と書かれています。さらにこのうち「読む」では「基本的な語彙や
漢字を使って書かれた日常生活の中でも身近な話題の文章を、読んで理解する
ことができる」とあります。また「聞く」では、「日常的な場面で、ややゆっ
くりと話される会話であれば、内容がほぼ理解できる」とあります。

　この試験の内容は「言語知識」「読解」「聴解」のため、認定の目安は理解
（インプット）に限定されています。実際に話したり書いたりする産出（アウ
トプット）の能力は測りませんが、日常生活の中でも身近な話題について、速
度を調整してもらいながらやりとりできるレベルといえるでしょう。

表2　日本語能力試験レベル別認定の目安

N1	幅広い場面で使われる日本語を理解することができる
	【読む】・幅広い話題について書かれた新聞の論説、評論など、論理的にやや複雑な文章や抽象度の高い文章などを読んで、文章の構成や内容を理解することができる。 ・さまざまな話題の内容に深みのある読み物を読んで、話の流れや詳細な表現意図を理解することができる。 【聞く】・幅広い場面において自然なスピードの、まとまりのある会話やニュース、講義を聞いて、話の流れや内容、登場人物の関係や内容の論理構成などを詳細に理解したり、要旨を把握したりすることができる。
N2	日常的な場面で使われる日本語の理解に加え、より幅広い場面で使われる日本語をある程度理解することができる
	【読む】・幅広い話題について書かれた新聞や雑誌の記事・解説、平易な評論など、論旨が明快な文章を読んで文章の内容を理解することができる。 ・一般的な話題に関する読み物を読んで、話の流れや表現意図を理解することができる。 【聞く】・日常的な場面に加えて幅広い場面で、自然に近いスピードの、まとまりのある会話やニュースを聞いて、話の流れや内容、登場人物の関係を理解したり、要旨を把握したりすることができる。
N3	日常的な場面で使われる日本語をある程度理解することができる
	【読む】・日常的な話題について書かれた具体的な内容を表す文章を、読んで理解することができる。新聞の見出しなどから情報の概要をつかむことができる。 ・日常的な場面で目にする難易度がやや高い文章は、言い換え表現が与えられれば、要旨を理解することができる。 【聞く】・日常的な場面で、やや自然に近いスピードのまとまりのある会話を聞いて、話の具体的な内容を登場人物の関係などとあわせてほぼ理解できる。
N4	基本的な日本語を理解することができる
	【読む】・基本的な語彙や漢字を使って書かれた日常生活の中でも身近な話題の文章を、読んで理解することができる。 【聞く】・日常的な場面で、ややゆっくりと話される会話であれば、内容がほぼ理解できる。
N5	基本的な日本語をある程度理解することができる
	【読む】・ひらがなやカタカナ、日常生活で用いられる基本的な漢字で書かれた定型的な語句や文、文章を読んで理解することができる。 【聞く】・教室や、身の回りなど、日常生活の中でもよく出会う場面で、ゆっくり話される短い会話であれば、必要な情報を聞き取ることができる。

1-2　JF スタンダードと CEFR

日本語に特化した熟達度を知るための基準としては、**JF スタンダード**[3] が挙げられます。これは、国際交流基金が **CEFR**（*Common European Framework of Reference*; ヨーロッパ言語共通参照枠）の考え方にもとづいて開発した基準です。CEFR は、2001 年にヨーロッパで発表された言語共通参照枠です。言語共通参照枠とは、簡単にいうと、どんな言語でも使える基準のようなものです。少し成り立ちを説明します。現在、ヨーロッパではフランス語、ドイツ語、英語、スペイン語などいろいろな言語が話されています。人の移動も活発で、移民も多くいます。そのため、これから移動する人たちが移動元で学んだことが移動した先でも共有できるようにする必要がありました。また、複数の言語能力（各技能はバラバラでもいい）・複数の文化的背景を持った人がお互いに尊重される社会がよいとする考え方（複言語・複文化主義）が生まれました。そうした社会背景の中で、各国の外国語教育の教師、学習者、教育機関が参考にできる共通の枠組みとして作られたのが CEFR です。表 3 に CEFR の能力記述文を示します。CEFR では、学習者は「**基礎段階の言語使用者**」から、「**自立した言語使用者**」、そして社会参加を実現する「**熟達した言語使用者**」へと、言語レベルが大きく 3 つに分けられています。そして、それぞれには下位レベルがあり、A1〜C2 の 6 段階に分けられています（表 3）。

日本語教育で初級といわれるのは、A1 から A2 にかけてです。中級に相当するのは、A2 の終わりから B1 にかけてです。B1 になると、学習者は学習言語でのコミュニケーションが、人の助けを借りておこなわれるレベル（サバイバルなレベル）から、敷居（ドアの外側と内側の分かれ目）を超えて、人の助けを借りなくても自分でコミュニケーションができるレベルになるといわれています。B2 は中級後半〜上級に相当します。そのため、初級から中級への指導を考える場合は、A2 から B1 の学習者のための教育デザインを考えるということになります。また、CEFR の目的を実行する教育的なツールとして、**ヨーロッパ言語ポートフォリオ**（**ELP**; European Language Portfolio）があります。ポートフォリオとは、自分のこれまでの活動や能力をほかの人に伝えるための記録集のことです。ELP は、自分の言語学習の目標を設定し、言語学

3　国際交流基金「JF 日本語教育スタンダード」https://jfstandard.jp/top/ja/render.do

習を記録し、評価することができるものです。これにより、学習者は自分の言語学習を自律的（自分で判断し、自分でコントロールできること）におこなえるようになります。JF スタンダードにもこのポートフォリオの考え方は生かされていて、JF スタンダードにもとづいて作られた教科書『まるごと　日本のことばと文化』でも、ポートフォリオが作れるようになっています。CEFRの考え方や、考え方を生かした実践の方法については『日本語教師のためのCEFR』（くろしお出版）が参考になります。

表 3　CEFR の能力記述文 [4]

熟練した言語使用者	C2	聞いたり読んだりした、ほぼ全てのものを容易に理解することができる。いろいろな話し言葉や書き言葉から得た情報をまとめ、根拠も論点も一貫した方法で再構築できる。自然に、流暢かつ正確に自己表現ができる。
	C1	いろいろな種類の高度な内容のかなり長い文章を理解して、含意を把握できる。言葉を探しているという印象を与えずに、流暢に、また自然に自己表現ができる。社会生活を営むため、また学問上や職業上の目的で、言葉を柔軟かつ効果的に用いることができる。複雑な話題について明確で、しっかりとした構成の詳細な文章を作ることができる。
自立した言語使用者	B2	自分の専門分野の技術的な議論も含めて、抽象的な話題でも具体的な話題でも、複雑な文章の主要な内容を理解できる。母語話者とはお互いに緊張しないで普通にやり取りができるくらい流暢かつ自然である。幅広い話題について、明確で詳細な文章を作ることができる。
	B1	仕事、学校、娯楽などで普段出会うような身近な話題について、標準的な話し方であれば、主要な点を理解できる。その言葉が話されている地域にいるときに起こりそうな、たいていの事態に対処することができる。身近な話題や個人的に関心のある話題について、筋の通った簡単な文章を作ることができる。
基礎段階の言語使用者	A2	ごく基本的な個人情報や家族情報、買い物、地元の地理、仕事など、直接的関係がある領域に関しては、文やよく使われる表現が理解できる。簡単で日常的な範囲なら、身近で日常の事柄について、単純で直接的な情報交換に応じることができる。
	A1	具体的な欲求を満足させるための、よく使われる日常的表現と基本的な言い回しは理解し、用いることができる。自分や他人を紹介することができ、住んでいるところや、誰と知り合いであるか、持ち物などの個人的情報について、質問をしたり、答えたりすることができる。もし、相手がゆっくり、はっきりと話して、助けが得られるならば、簡単なやり取りをすることができる。

---

[4]　ブリティッシュ・カウンシル「CEFR（ヨーロッパ言語共通参照枠)」
　　https://www.britishcouncil.jp/programmes/english-education/updates/4skills/about/cefr

1-3　まとめ

　これらのことをまとめると、初級が終わり、中級の手前の初中級というレベルは、身近で日常の事柄について、単純で直接的な情報交換ができるレベル（日本語能力試験 N5〜N4, CEFR A2）ということになります。日常生活で身近な話題（予定、日課、買い物、移動など）について読んだり書いたりすることができたり、ゆっくり話してもらえれば、日常的でなじみのある話題について理解したり、話したりすることができる状態です。

　中級になると、身近な話題や個人的に関心のある話題について、筋の通った簡単な文章を作ることができる段階になります（日本語能力試験 N3, CEFR B1）。その後さらに日本語学習が進むにつれて、自分にとって身近ではない抽象的な話題や具体的な話題についての複雑な文章を読んで、主な内容が理解できるようになります（日本語能力試験 N2, CEFR B2）。

　初級から中級への移行は、家族や身近な人との日常的なやりとりが中心だった私的な領域から、抽象的な内容をやりとりすることで社会と深くつながる公的な領域に、言語使用者としての活動の場が広がっていくことを表しています。そして、自立的な言語使用者に向け、しだいに難しい意見や情報のやりとりが必要な社会活動（政治・経済活動、研究・生産活動など）への参加が可能になるような言語学習をおこなっていきます。そのため、B1 から B2 のレベルではスピーチレベルのバリエーションを身につけ、書きことば、話しことばを区別できるようになり、抽象的・具体的で長さのあるテキストを理解し、産出ができるようになるための学習が目指されます。

2

初級と中級の指導内容の異なり

2-1　学習者の多様性への対応

　成人の学習者を対象にした初級日本語教育は、日本の場合、媒介語を使わずに直接法で総合型教科書に書かれた内容に沿っておこなわれるところもありますが、媒介語を用いて柔軟におこなわれることが多くなっています。特に海外の日本語教育機関では、母語を共有していることもあり、媒介語が使われることが多いです。

　媒介語を使わない場合、日本語で質問することは簡単ではないため、比較的教師主導型の授業がおこなわれます。多くの初級クラスでは総合型教科書と副教材で「聞く」「話す」「読む」「書く」の四技能が扱われ、やさしいことから難しいことへ積み上げ式に内容がマスターできるよう学習が進められています。『みんなの日本語　初級』、『初級日本語　げんき』、『できる日本語　初級』、『まるごと　日本のことばと文化　初級 1 ／初級 2』などは、そうした総合型教科書の代表的なものです。

　中級になってくると、初級の場合とさまざまな点で異なりが出てきます。まず、学習内容の多様化です。初級では買い物、移動など、比較的どの学習者にとっても身近で日常的な場面が扱われます。一方、中級以降になると、自分が参加したい社会やコミュニティで使われる日本語を学ぶ段階に入ります。自然科学の研究をするための日本語、アニメやまんがを理解するための日本語、介護の日本語等です。それらは非常に多様なものです。そのため、1 つの共通した内容を扱う日本語教科書だけでなく、それぞれが学びたい内容に応じて学習内容や学習方法がデザインされていくことが一般的です。

　次に、学習者の言語能力の多様性です。初級では多くの場合、同時に学習を開始し、読む、聞く、話す、書く、の四技能を等しく伸ばすようにデザインされています。日本語学校等で集中的に学べば、ほとんどの学習者は初級を 300 時間程度で終了します。しかし、中級以降になると、習得の早さによって個人差が大きくなります。そのため、クラスの学習者の学習履歴も多様化し、四技能がバラバラな学習者が同じ教室にいることが一般的です。そのため、学習者の興味関心やできることに応じて柔軟に授業をデザインする必要があります。たとえば能力の多様性への対応として、漢字があまり読めない学習者のためにテキストの漢字に読み方を書いたり、聞き取りが苦手な学習者のためにポイントとなる部分をテキストでも示したりします。関心の多様性への対応として、自分の好きなものをたくさん読んだり聞いたりする多読や多聴、学んだ内容（表やグラフの説明方法等）を生かして自分の興味のあるトピックについて産出する活動などがあります。

2-2　自立的な言語使用者へ

　CEFR の能力記述文にあるように、初級は「基礎段階の言語使用者」で、中

級は「自立した言語使用者」です。中級になると、地域や社会との関わりを持った言語使用、抽象的で複雑な言語行動が人の支援を受けずにできるようになります。

　初級から中級への指導において、とても重要なのが、この「自立した言語使用者」を教師がどのようにして支援できるかということです。

　というのは、文型積み上げ式の日本語教科書で初級を学んだ学習者が、中級になる段階で、習ったことを使って自由に話せないケースが多く見られるからです。言語知識を体系的に身につけただけの段階では、どのような状況で、いつ、だれに、どのように言えばいいのか、といったことがわかりません。また、他人が主役の会話を学ぶことが多く、学んだことばを使って自分のこととして語る経験も足りません。機械的な真似はできても、応用がなかなかできるようになりません。そのため、初級で学んだ知識を使って、実際に言語活動をおこなう練習を、初中級レベルの教室活動で多くおこなうといいでしょう。

　成人の日本語学習者が、言語の体系を構造的に学ぶことは、学習の効率性の点から考えても合理的です。そして、形式を知っただけですぐに応用できる学習者もいます。しかし、長い時間をかけて英語やそのほかの外国語を学んでも、本番で話そうとすることばが出てこないのと同じように、基本的に頭で覚えただけでは言語の運用は難しいものなのです。

図1　教室で学んだことを実際に話そうとするとうまくできない

　最近は、初級でもタスクベース（言語課題遂行型）で、生教材を使ったオーセンティック（本物）な言語タスクを取りいれ、運用力を伸ばす教科書も出版されています。たとえば、初級後半でいえば『できる日本語　初級／初中級』『NEJ　テーマで学ぶ基礎日本語　vol.2』『まるごと　日本のことばと文化　初級1／初級2』などです。

　また、初級から中級にかけての総合型教科書『まるごと　日本のことばと文化　初級1／初級2／初中級』『まるごと　日本のことばと文化　中級1／中級2』や『できる日本語　初中級』『上級へのとびら』なども基本的にこのような形態です。経験が浅い教師であれば、これらの教科書をできるだけそのまま使って授業をすることで、効果的な学習を提供できるはずです。

　逆にこれらの教科書については「教師が解説しすぎない」「教師が答えを与えすぎない」ことが重要です。学習者中心に教科書が作られており、学習者が自主的に言語活動をおこなうことが推奨されます。そのため、教師が想定していない学習者の反応があり得ます。そうした反応に対しては、教師が十分に「聞き」「受け入れ」、ほかの学習者と共有可能な形へとつなぐ行為が求められると思います。初めからまちがえずにたくさん産出できる学習者はいません。教師は学習者が怖がらないよう、自信を持って言語活動がおこなえるように支援することが必要です。

3

初中級・中級の指導

3-1　初中級の指導

　2では初級と中級の言語教育の異なりについて述べました。初級と中級の間のレベルを初中級といいますが、ここでは、初中級と中級の具体的な指導について説明します。

　まず、文法や語彙についてです。初中級でもいろいろな文法や語彙を学びます。初中級では初級で習った文型の主要な類義表現（似た意味用法の表現）が学ばれることが多いです。たとえば原因理由を表す「から」を初級で学んだら、原因理由を表す類義表現である「ので」「ために」を初中級で学びます（建石2015）。その際、初中級ではまだ初級が終わったばかりなので、初級と同じように「文型の導入→練習」という形式に意識を向けた学習法が採用されることが多いといえます。しかし、中級になると一度に導入される文型も多くなるため、簡単な意味用法と例文の説明が中心になります。

　次に、扱う技能のバランスです。初級では「話す」「聞く」が学習の中心であることが多いですが、初中級を経て中級になると、「読む」「書く」の学習比

率が上がります。日本語の話しことばは初級で学び、書きことばは中級以降で学ぶという傾向は、1940年代からあったといわれています（岩田2015）。そして中級では、読解テキストを中心にした総合型教科書を用いた書きことばの学習がおこなわれることが多いです。しかし、初級では短い文を使って新しい文型を習うことが多いため、日本語で長い文章を読む経験が足りません。

　そのため、日本語の初中級では初級で学んだ文型などの知識を使って運用力を伸ばす指導が重要になります。

　具体的には、以下のことが求められます。

・既習の文型や語彙で書かれたテキストを読み、まとまった量のテキストを読むことに慣れる。
・既習の文型や語彙を使ったまとまった量の産出活動（発表や作文）をおこない、複合的なタスクのための準備をする。
・習った文型が、いつ、どこで、どのように使えるか文脈化をすすめる。

3-2　中級の指導

　初中級で運用力が伸びてきたら、中級に進みます。中級の日本語クラスでは、テーマ別、目的別、技能別の日本語の授業がおこなわれることが多いですが、総合型教科書を使った授業がおこなわれることもあります。2010年以降に出版された中級の総合型教科書の一般的な構成は、以下のようなものです。これら①〜⑥の順番は固定されたものではありませんが、④、⑤、⑥は後ろに来ることが多いです。

① プレタスク：そのトピックに関する既存知識の活性化のためにおこなう
　　　　　　　活動
② 言語知識：理解可能なインプットにするための知識の導入と練習
③ インプット：そのトピックについての会話やテキストの導入
④ 総合タスク：学んだ学習内容を生かした統合的なタスク（インタビュー・
　　　　　　　プロジェクトなど）
⑤ 発表・共有：学びにもとづいた産出・対話的活動
⑥ 評価：自分の学びのふりかえり

　次に紹介するのは、筆者が金沢大学の短期留学プログラムに参加する学生向けに作った初中級〜中級向けの教材です。このプログラムは初級を修了した北米の大学生が実際に日本で生活し、日本語を使いながら日本文化を体験することが目指されています。そのため、いくつかの文化体験に日本語学習がついているトピックシラバスになっており、1つのトピックは上で示したような流れになっています。

　図2、図3は「ホームステイとお正月」に関するものです。まず、その日本の家庭やお正月についての興味関心を高める質問に答えてもらいます（①プレタスク）。次に、ホームステイの前に必要な日本語表現を学習し（②言語知識）、トピックに関連したテキストを読む活動をします（③インプット）。次に実際に体験型の活動（お正月ホームステイ）をします（④総合タスク）。それらの活動のあと、実際に体験した感想をクラスで共有し、体験から得た疑問点などについて話しあいます（⑤発表・共有）。最終的に考えた内容を作文に書いて提出し（⑤発表・共有）、できるようになったことを Can-do シートに記入するなどしてふりかえります（⑥評価）。

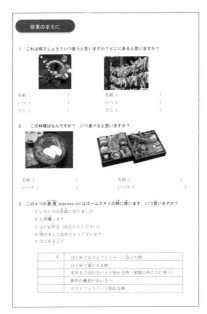

図2　プレタスクの例　　　　図3　発表・共有、ふりかえりの例

　実際に自分で教材を作るのは、初めは大変です。中級にもいろいろな総合型教科書がありますから、まず、それらをそのまま使ってみましょう。そして学習者の言語生活に合ったものに、学習者と相談しながら調整していくといいと思います。

4

新しい教育方法とその活動例

　最後に、新しい教育方法をいくつか紹介します。これらは中級だけではなく、基本的にどのレベルでも使える方法です。しかし、総合型教科書を使うことが多い初級より、教え方の自由度が高まってくる中級以降で検討することが多いと思われます。どの教育方法も、学習者がそのことばが話されているコミュニティでの参加の度合いを強くしていくうえで優れています。みなさんの実践に取りいれることを検討してもらいたいと思います。

4-1　TBLT（Task-Based Language Teaching）

　TBLT は、語彙、文法、音声などの言語的要素の定着を主な目的とした教授法とは異なり、「タスク」を基盤とした言語教授法です。オーセンティック（本物）な言語場面を使用し、学習者に目標言語を使って意味のあるタスクをさせることに重点を置いている教え方です。たとえば、病院に行く、インタビューをする、カスタマーサービスに電話をするなどのタスクです。TBI（Task Based Instruction）とも呼ばれます。この章で紹介したホームステイに関する教材（図2、図3）は TBLT に相当します。

4-2　内容統合型言語学習（CLIL; Content and Language Integrated Learning）

　CLIL の主な特徴は、4つの C で表されます。学習内容（Content）の理解に重きを置き、学習者の思考や学習スキル（Cognition）に焦点を当て、学習者のコミュニケーション能力（Communication）の育成や、学習者の文化（Culture）、あるいは相互文化（Interculture）の意識を高める点にあるといわれています。以下が CLIL の具体的な特徴です。

①内容学習と語学学習の比重は1:1、②4技能（読む・聞く・書く・話す）をバランスよく統合して使う、③タスクを多く与える、④さまざまなレベルの思考力（暗記、理解、応用、分析、評価、創造）を活用する、⑤協同学習（ペアワークやグループ活動）を重視する、⑥異文化理解や国際問題の要素を入れる、⑦オーセンティックな素材（新聞、雑誌、ウェブサイトなど）の使用を奨励する、⑧文字だけでなく、音声、数字、視覚（図版や映像）による情報を与える、⑨内容と言語の両面での足場（学習の手助け）を用意する、⑩学習スキルの指導を行う。　　（和泉ほか 2012）

日本語教育では、貧困問題などの国際問題をテーマにした実践が紹介されている『日本語教師のための CLIL 入門』（凡人社）が参考になります。

4-3　対話的活動

対話的活動は、細川英雄氏が提唱する活動型の言語教育方法です（細川2019）。学習者が持つあらゆる言語資源を使い、ホリスティック（全人的）にコミュニケーションをおこなうことをトランスランゲージング（Translanguaging）といいますが、これを重視して活動すれば初級からできます。自立した日本語使用者へと進む過程で取りいれるということなら、中級でおこなうのがいいかもしれません。この活動は、ことばの学習としても意義がありますが、自分がどのように社会と関係を持って生きていきたいかについて仲間や社会と対話しながら考えることができる、つまり「一人ひとりがよりよく生きていく（well-being）」のための言語教育活動としても意義があると思います。

活動の流れに特に決まりはありませんが、大体以下のような流れです。

1) クラスで自分の興味関心について話す。
2) 1）で話した内容を文章（動機文）にまとめる。
3) 動機文についてクラスメートと対話し、動機文を書きなおす。
4) 書きなおした動機文をさまざまな人に読んでもらい、その内容について自分にインタビューをしてもらう。インタビューは録音する。
5) インタビュー内容を文字化し、その内容について自分の考えを書く。
6) インタビュー結果をクラスメートと共有し、さらに対話する。

7)　これまで書いたものを1つの文章にまとめ、クラス全員の文章を文集
　　にし、社会に発信する。

4-4　反転授業

　反転授業とは、授業と宿題の役割を「反転」させる授業形態のことです。こ
れまでの学習方法といえば、「教師が教室で学習内容を教える（インプット）」
→「学習者が家で習ったことをもとに宿題をする（アウトプット）」という流
れでおこなわれていました。しかし反転授業では、学習者は事前に動画などの
オンライン教材で新しい知識を学習し、教室活動では学習者同士で相談しなが
ら実際の演習をおこない、理解を深めていきます。つまり、インプットを教室
外でおこない、アウトプットを教室内でおこなうのです。インプットを自分の
ペースでおこなうことができるため、学習の自律性が高い方法です。また、教
室内ではほかの学習者とインタラクティブ（双方向）なやりとりをおこなうた
め、創造的で協働的な学びの場が実現します。

POINT

1　初級は日常的な言語行動ができる基礎段階の言語使用者、中級は日常
　　的なことだけでなく社会的な行動もできる自立した言語使用者になる
　　ことを目指す。
2　中級以降では学習者の多様性に気をつけながら、多様な言語教育法を
　　取りいれるなど、学習者にあった言語教育をデザインする。

まとめタスク

▶　冒頭のキーワードの意味を、クラスメートと互いに説明しあってくだ
　　さい。
▶　初級から中級に進んだ日本語学習者には、どのような点に気をつけて
　　教育をすればよいですか。初級者との異なりに触れながら説明してく
　　ださい。

COLUMN 6
CEFRの複言語・複文化主義と日本語教育

　私が日本語教師になって30年くらい経ちました。私がCEFR（p. 94）のことを初めて聞いたのは2004年くらいです。そのときは「CEFR＝Can-do」のようなイメージでした。2021年現在、CEFRは日本語教育にとても大きな影響を与えています。

　そのCEFRの中心にあるのは複言語・複文化主義です。CEFRでは、読んだり書いたりする能力が同じバランスで伸びることを理想とはしていません。個人の中で、いろいろな言語が、いろいろなレベルで混在していればよいと考えます。そのため、すべての技能がよくできる母語話者を言語学習のゴールとはしません。たとえば、スペイン語は読み書きもよくできるけど、フランス語は聞くことだけできる、というような状態も、個人の言語能力であるとしています。さらに、フランス語・英語といった異なる言語が個人の中にバラバラに存在するのではなく、相互に補完関係にありながら個人の中に存在していると考えます。また、どれか1つの言語や文化を上位に見ることもしません。そういった個人の中にある言語的文化的多様性を尊重する考えが複言語・複文化主義であると私は理解しています。

　まったく遠い世界の考えのように聞こえるかもしれませんが、実はみなさんも日々、複言語で生活しているのではないでしょうか。非母語話者の日本語教師のみなさんは母語と日本語を使って暮らしていますし、日本語母語話者のみなさんも、英語を使ってメールを書いたり、家族と方言で話したりしながら生活していませんか。おそらく、私たちの言語生活はだれもが言語的文化的に多様であり、だれのことばも○○語という名前はつけられないものなのです。

　しかし、私たちは通常そうした多様性に気づかずに生活しています。多くの場合、1つの国では1つの言語文化を共有しようとするからです。そのほうが合理的で結束力もあります。しかし、私は日本語教育にCEFRを取りいれるなら、日本社会全体の複言語・複文化主義も推進されるといいと思っています。その鍵は、みんなが今ここにある言語的文化的な多様性にどれだけ意識的になれるかにかかっているように思います。

第7章

中級から上級、
レベル別の教え方を
考えよう

この章を理解するための　▶ ▶ ▶　キーワード

▶ レアリア・生教材
▶ スキーマの活性化、トップダウン処理、ボトムアップ処理
▶ 訂正フィードバック、フォーカス・オン・フォーム、リキャスト
▶ プロジェクトワーク、グループワーク、プレゼンテーション、21世紀
　型スキル

　この章では、主に上級レベルの教え方について説明します。上級レベルの日本語能力は、初級レベルや中級レベルとどう違うのか、またどのように教えるのかなどを、具体例を入れながら説明していきます。

1
中級から上級へ

1-1　上級レベルとは

　上級レベルというのは、具体的にどのような能力を指すのでしょうか。第6章でさまざまな基準についての説明をしましたが、その中の日本語能力試験のN1レベルの能力の記述（p. 93）には「幅広い場面で使われる日本語を理解することができる」と書かれています。さらに、このうち「読む」では、「幅広

い話題について書かれた新聞の論説、評論など、論理的にやや複雑な文章や抽象度の高い文章などを読んで、文章の構成や内容を理解することができる」、「さまざまな話題の内容に深みのある読み物を読んで、話の流れや詳細な表現意図を理解することができる」とあります。また「聞く」では、「幅広い場面において自然なスピードの、まとまりのある会話やニュース、講義を聞いて、話の流れや内容、登場人物の関係や内容の論理構成などを詳細に理解したり、要旨を把握したりすることができる」とあります。この試験の内容は「言語知識」「読解」「聴解」であり、実際に話したり書いたりする産出（アウトプット）の能力は測りませんが、報道や大学の講義などにも対応できる、日常生活場面を超えた高度に論理的、あるいは抽象的な内容を読んだり聞いたりして理解できるレベルであることがわかります。

　また JF スタンダード《➡第 6 章参照》の基準に照らし合わせると、中級はA2 から B1 にかけてのレベルで、この章で考える上級レベルは、「自立した言語使用者」の B2 から「熟達した言語使用者」の C1 あたりが相当します。「熟達した言語使用者」の中でも C2 になると、母語話者と遜色なく自然に流暢に自己表現ができるレベルを指します。第 6 章で中級レベルの学習者の特徴として、自立した言語学習者として自分の参画したい社会やコミュニティで使われる言語を学びはじめる時期と説明しましたが、上級レベルになると、それぞれの社会やコミュニティの場面で必要な日本語を自在に使い分けることができることを目指すことになります。

　上級レベルにあたる部分の能力記述の内容を見てみると、自分の専門分野の内容はもちろん、社会的あるいは学問的な目的に応じた内容、業務上の目的に応じた内容について理解ができ、「柔軟なしかも効果的なことば遣いができる」、「明確で、しっかりとした構成の詳細なテキストを作ることができる」といった産出もできることが求められるレベルとなっています。

　これらのことをまとめると、上級レベルというのは、次のような内容を指すレベルといえます。

1)　ジャンルを問わず専門性が高い、あるいは抽象度が高い内容などさまざまな日本語が理解できる

2)　さまざまな日本語を、状況に応じて詳細に理解すること、あるいは要旨

を把握することができる

3) 場に適合したことば遣いで話すことや書くことができる

4) 十分に構成された論理的なテキストを書いたり読んだりすることができる

1-2　中上級レベルと超級レベル

　初級レベルと中級レベルの橋渡しとして初中級レベルがあるように《➡第6章参照》、中級レベルと上級レベルの移行期に中上級というレベルがあり、さらに上級レベルの上に超級というレベルを設定することもあります。

　では、中上級レベルというのは、どのような内容なのでしょうか。上述した上級レベルの内容に沿って考えると、次のようなことがいえます。上級レベルでは、専門性や抽象度が高い内容を扱い、状況に応じた理解や産出を目指すのに対し、中級レベルでは、特別な状況や場面に特化しないで一般的な内容を理解したり産出したりすることを目指します。中級から上級への橋渡しをする中上級では、このレベル間の移行がスムーズにできるように、2つのレベル間の異なる点や必要なスキルなどを学習者が意識化し、徐々に移行できるような教材や教授法を用いて活動をすることが中心となります。

　次に「超級」という用語ですが、ACTFL（全米外国語教育協会）の言語運用能力の基準の1つとして[1]よく使われるようになりました。「ACTFL 言語運用能力ガイドライン 2012 年版」には「初級」「中級」「上級」「超級」「卓越級」の5つのレベルがあり、四技能ごとに5つのレベルの記述があります。超級の内容を大きくまとめると、上級レベルで求められる内容から一般的なレベルまで、必要に応じて幅広く使い分けができ、誤りもほとんどない、というような状態を表します。文化に深く根差すような内容はまだこなせないことがあるものの、母語話者に近づくレベル、ということになるでしょう。

　このように、上級レベルの前後に、さらに細かく中上級や超級というレベルを設定してコースが組まれることがあります。

1　American Council on the Teaching of Foreign Languages "ACTFL Proficiency Guidelines 2012 -Japanese" https://www.actfl.org/resources/actfl-proficiency-guidelines-2012/japanese

1-3　上級レベルの特徴

　第 6 章で初級と中級の違いについて説明しました。初級は身近な日常場面でのやりとりを単純な文型を使っておこなうことが特徴でした。中級になると、もう少し場面も広がり、またやりとりも単純な文型によるものだけでなく、詳しい説明をしたり理由を述べたりするなど、より具体的で抽象度の高いものも含まれるようになってきます。

　これが上級になってくると、話題は分野を選ばず、ことばの選び方もそれぞれの場面に適切に合わせることができ、かなり長い分量の日本語を理解したり産出したりすることができることが求められます。文型や表現に焦点を当てた指導は、このレベルになるとあまりされず、むしろ実際に意味のある内容を日本語を使って聞く・読む・話す・書くということが重視されるようになります。また、自分が理解できないときにどのように対処するかのストラテジー（方略）にも焦点が当てられることがあります。

　具体例を挙げてみましょう。たとえば、健康を扱うテーマはレベルに関わらずだれにとっても重要なことなので、教室でもよく取りあげられます。

　初級では、体の部位の語彙や「頭が痛いです」「鼻水が出ます」といった基本的な症状を表す表現の導入がされ、病院を受診したときの会話で医師が「薬を飲んでください」とか「今日はお風呂に入らないでください」などのように指示する表現も取りあげられます。しかしこのレベルでは、これらの語彙や表現と基本的な文型以上のことはまだ導入されません。自分の健康を守るために必要なサバイバルレベルの内容であるといえます。

　中級レベルになると、典型的な症状の説明だけでなく、眠れないなどの症状や心の悩みなども扱われるようになってきます。原因を詳しく説明することや、他人の悩みにアドバイスをすることなども含まれます。より複雑な状況を扱うことになります。

　そして上級レベルでは、病気の症状の原因についてより詳細な、場合によっては専門性の高い説明を聞いたり読んだりするといった内容が中心となります。体の病気だけでなく、心の健康や健康法について書かれた新聞記事や新書などの抜粋を読んだり、テレビの特集番組を見たりすることもあるでしょう。あるいは食品の成分ラベルや薬品の効能書きを読むかもしれません。このように、上級レベルの特徴の 1 つに、**レアリア・生教材**を使うことも挙げられま

す。レアリアは実際に使っているカレンダーなど、生教材は新聞記事やテレビ番組などを指すことが多く、理解しやすいような加工を施さないもの、ということです。第4章で述べたように、語の導入などにレアリアを見せることがよくありますが、上級レベルでは、レアリア・生教材の内容を正確に理解し、さらにはただ情報を理解するだけでなく、自分なりの課題を設定して調査をしたり、自分の意見を述べたりすることが求められます。その場合も、中級レベルでは一文単位の表出から段落を単位とした表出になり、上級以上のレベルでは、複数の段落から構成されるまとまりのある内容の表出が求められます。

　これらに加えて、今の自分の能力では対応できないことを推測するなどして理解できるようにするストラテジーについても扱う必要があります。これについてはまたあとで詳しく説明します。

1-4　上級レベルの教授法の基本になる事項

　ここまで見てきたことをもとに、上級レベルの教授法を考える際の基本事項をまとめると、以下のようになります。

1) 内容：ジャンルを選ばず、日常的で一般的な内容から専門性の高い内容まで幅広い話題が取りあげられる。まとまった長さがあり、詳細なテキストの理解や産出が求められる。文型や表現、談話を学ぶよりも、内容そのものを日本語を使って学ぶことが重視される。

2) 教材：総合型教科書としてまとめられている教材は少なく、アカデミックジャパニーズとして、あるいはビジネスジャパニーズとしてなど、目的別の教科書として刊行されていることが多い。さらに、教科書を使うのではなく、新聞記事やテレビ番組、新書の抜粋など、レアリア・生教材が使われることも多い。

3) 指導法：言語知識や情報を伝授するというよりは、内容そのものの理解や、それをもとにした産出が重視されるので、教師が一方的に説明するような授業ではなく、ピア（仲間同士）でおこなう活動やわからない部分を推測したり自分で調べたりするストラテジーを使うといった、さまざまなタイプの教室活動が扱われる。また1つの技能だけに焦点が当たるのではなく、複合的な活動が重視される。

　このように、上級レベルの教授法は初級や中級のレベルと比較して、より実際の社会で用いられている日本語に近づいた内容が教えられることになります。教室の中での言語のコントロールがなくなり、実践的な内容が重んじられるようになります。それとともに、教師の指導法や教室活動の種類も初級や中級レベルとは異なってきます。

2

上級レベルの教授法の考え方

2-1　上級レベルと教科書

　上級レベルになると、初級や中級と違って教科書の種類がふんだんにあるわけではありません。たとえば海外でよく使われている『まるごと　日本のことばと文化』は、入門（A1）から初級 1・2（A2）、初中級（A2・B1）、中級 1・2（B1）の 6 冊シリーズです。これを JF スタンダードに照らし合わせてみると、中級 2 の B1 レベルまでであることがわかります。また、『みんなの日本語』や、『できる日本語』でも、中級までしか出版されていません。

　上級用の総合型教科書はあまりなく、『テーマ別　上級で学ぶ日本語』が日本語学校などでよく使われていますが、そのほかとしては大学の留学生がアカデミックジャパニーズを学ぶための教科書やビジネス場面に特化したビジネスジャパニーズの教科書がいくつか出版されているだけです。アカデミックジャパニーズというのは、学術の場で使われる日本語を指し、専門書や論文を読んだり書いたりするときや、学術的な発表をするときに必要となる日本語のことです。またビジネスジャパニーズというのは、ビジネス場面で必要となる日本語で、仕事で使われる用語や会社内あるいは取引先とのやりとりでの会話などが含まれます。学習者のニーズによっては、アカデミックジャパニーズの分野であれば学術論文を書くとか、ビジネスジャパニーズの分野であれば難しい商談をまとめるなどといったことを扱う必要がある場合もあります。このようなケースでは、日本語教師と専門家との協働も必要となります。

　このように上級レベルでは、実際の場面に近い、あるいは本物の日本語を用いた学習が重視されるため、総合型日本語教科書として刊行されている書籍はそれほど多くないと考えられます。

2-2　上級レベルを教えるときに知っておくべきこと

　上級レベルで重要なのは、教える内容そのものだけではありません。どんなに教室で学習を重ねても、学習者は実際の言語生活の中では必ず習っていないことや知らないことがあるはずです。教師は、学習者が既習知識を使って理解に近づけるように、後押しすることが必要になります。そのために、教室での教師の活動に、必要な知識があります。その例としてこの章では、ボトムアップ処理とトップダウン処理の違いや、スキーマの活性化、そして教師のフィードバックの仕方を取りあげます。

2-3　ボトムアップ処理とトップダウン処理

　まず人が頭の中で言語情報を処理する場合に使っている、2つの方法を紹介します。もともと心理学の概念で、**ボトムアップ処理**と**トップダウン処理**と呼ばれるものです。ボトムアップ処理というのは、一つひとつの単語や文の理解を積み上げて全体の内容を理解することです。一方トップダウン処理というのは、すでに知っている情報を利用し、推測などをしながら全体を理解しようとすることを指します。すでに何かについて持っている知識や情報のことをスキーマ（schema）と呼びますが、人があることを理解しようとする際には、このスキーマをまず呼び起こして活性化させることで、推測などがおこなわれて理解が促進されるといわれています。

2-4　スキーマの活性化

　日々の指導では、この**スキーマの活性化**が重要な役割を果たします。新しい読解教材や聴解教材などを教室で提示する際に、このスキーマをうまく活性化するようなウォーミングアップなどをすることが効果的だというのは、このためです。具体例を挙げましょう。たとえば、「地球温暖化をテーマにした授業での教師からの働きかけ」では、次のような質問をおこないます。

　例1)
　「地球温暖化」ということばを聞いたことがありますか？　「地球」は何ですか？　「温暖化」の意味は何ですか？

例 2)

最近とても暑いですね。20 年前に比べると、平均気温が上がってきたと
いわれています。みなさんはこの
ことを知っていますか？　何とい
いますか？

例 3)

（右のイラストを見せて）

これは何を表していますか？

このような質問が教師から投げかけられると、学習者は今まで知っているこ
とを言語化しようとしますし、また、ほかの学習者の答えを聞いて自分の記憶
から情報を呼び戻そうとします。これによって、「地球温暖化」ということに
ついてのスキーマが活性化され、今から新たに取り組む内容の理解のための活
動に対して頭の中の準備ができることになります。これを教室で教師がおこな
うことは、学習者が読んだり聞いたりする際に、自ら知っている知識を意識的
に最大限利用しながら理解しようとする姿勢にもつながります。

なお、教室活動で用いるスキーマの活性化は、上級レベルの授業だけではな
く、初級レベルから、それぞれのレベルに合わせた内容で使うことができる重
要な方法です。

2-5　教師から学習者へのフィードバックの方法

学習者が教室でさまざまな教室活動に参加する中で、教師が想定していない
反応をすることがあります。そうした反応に対して、教師は十分に「聞き」
「受け入れ」、ほかの学習者も理解したうえで、皆で共有できる形に置き換えて
教室に戻す「仲介」行為をおこなうことが求められると思います。初めからま
ちがえずにたくさん話したり書いたりするアウトプットができる学習者はいま
せんし、上級レベルになると扱う内容も複雑になってきますので、教師は、教
室の中で学習者が自信を持って言語活動がおこなえるように支援することが必
要です。

そうは言っても、学習者の知識や情報が正しくなかったり、授業の目的から

ずれていたりする場合には、学習者がどこかで正しい知識にアクセスできるようにする必要があります。

　たとえば学習者の言語の産出とそれに続く教師の**訂正フィードバック**によって、言語形式に注意を向けさせ（アウトプット仮説）、さらには自分が産出した言語を修正する機会を与えることが必要だという考え方（インターアクション仮説）があります。例を挙げると、意味の伝達を重視するコミュニケーションの中であっても、一時的に言語形式に注意を向けさせることが必要であるとする**フォーカス・オン・フォーム**という考え方があります。

　この考えにもとづき現在広く受け入れられている訂正フィードバック方法の1つに**リキャスト**があります。これは学習者の不正確な発話を、教師が正確に言いなおすことで暗示的にフィードバックをする方法です。会話の例を見てください。Tは教師を、Sは学習者を表します。

S： 私が<u>国へ帰った前に</u>、おみやげをたくさん買いました。
T： ああ、<u>国へ帰る前に</u>おみやげを買ったんですか。何を買ったんですか。
S： <u>国へ帰る前に</u>、日本のお菓子をたくさん買ったんです。
T： 日本のお菓子って、デパートで売っているお菓子ですか？
（以下、続く）

　この例では、学習者が「国へ帰った前に」という誤った言い方をしますが、教師はここで会話を中断したくないと考え、自然な流れのまま、「ああ、国へ帰る前に……」と応じます。そこで学習者が誤りに気づき修正しましたが、自然な流れの会話はそのまま維持され、そこからまた会話が続いていきます。

　「国へ帰った前という表現はまちがっていますよ」と明示的に誤りを指摘するのと違い、暗示的に指摘する方法は、会話の流れを途中で止めずに続けることができます。このような修正の方法は、初級レベルから使うことができますが、学習者に気づいてもらえなかったり、正確な修正にならなかったりするという問題もあります。それに対して、上級レベルになると、話の内容は継続しながら、教師のさりげない訂正に気づき、修正がおこなわれることも期待できるといえます。

3

上級レベルの具体的な指導法

3-1　上級レベルの指導プロセス

　上級レベルの授業の流れはどのようにしたらよいでしょうか。国際交流基金（2011a）では、図1のように述べています。

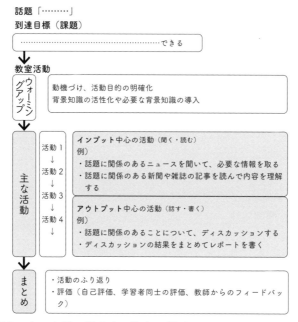

図1　中・上級の教え方の流れの例（国際交流基金（2011a: 52））

　まず、到達目標を定め、それに合う教室活動を考えるようにします。実際の授業では、動機づけや背景知識の活性化などのウォーミングアップをおこない、インプット中心の活動（聞く・読む）から、アウトプット中心の活動（話す・書く）へと移ります。そしてまとめをおこなうというプロセスです。上級レベルの教室活動としての理解を中心としたインプット活動は、なるべく本物の日本語に近いものを選び、かつ内容そのものを学ぶことを目指すのが重要になってきます。よく用いられるのは、テレビなどのニュースを聞く活動や新聞記事を読む活動です。この内容はそのときに社会で話題になっていることが

テーマとなり、たとえば地球温暖化の対策に関する新聞記事を使うことや、台風の被害の状況についてのテレビニュースを使うことなどがその一例です。新聞記事を扱った授業であれば、まず地球温暖化というのがどういう意味かを知っているかなどをウォーミングアップで話題にして、学習者の関心や背景知識がどのくらいあるかを確認し、学習者のスキーマの活性化のためになるような活動をおこないます。そのうえで、記事の内容を読み、気をつけるべき表現などを取りあげながら、深く理解する活動をおこないます。これがインプット中心の活動です。

　インプット中心の活動で、内容が理解できればそれで終わりかというとそうではありません。特に上級レベルでは、理解したことを利用して、アウトプットができることを目指すことが多くなります。この例としては、自分が理解したことをクラスメートに口頭で説明しあうなどが挙げられます。さらにインプットされた知識の内容についてプレゼンテーションをする、グループで議論をする、あるいはその内容をレポートにまとめるなどがあります。このあと、全体のまとめをして一連の授業を終えることになります。

3-2　複合的な教室活動

　上級レベルの学習に必要なこととして、1つの技能に焦点を当てるのではなく、いくつかの技能を複合的に伸ばしていくことが挙げられます。たとえばテレビでニュースを見るという活動を考えてみると、音声を聞きながら、画面の解説の文字も同時に読んでいます。さらにそのニュースのことを友だちと話すこともあるでしょう。ここでは「聞く」と「読む」、さらに「話す」という技能が複合的に使われています。上級レベルで扱われることはなるべく実際の日本語に近づけることが重要な目的ですから、教室活動もこれと同じように、いくつかの技能を複合的に学べるようにすることが求められるのです。

　またいくつかの教室活動を組み合わせて、さらに発展的な活動となるようにデザインすることも大事です。その代表例に**プロジェクトワーク**があります。プロジェクトワークは、学習者同士が協力しあって、1つのプロジェクトを実施するタイプの活動です。

　たとえば「地球温暖化を防ぐために学生ができることは何かを考えて、プレゼンテーションする」というグループでのプロジェクトを日本語のクラスでお

こなうとします。このプロジェクトを完成させるためには、何が必要となるでしょうか。まずグループを作りメンバー同士が知りあうところから始まり、このプロジェクトを完成させるまでに必要な事項のリストを作ることも含まれるでしょう。そして内容面では「地球温暖化」というテーマについて詳しく調査して、その概要をまとめ、学生ができることについての話しあいをします。そして、その結果の**プレゼンテーション**をするために、資料やスライドを作り、かつ口頭練習もすることになります。このようにプロジェクトワークは「読む」「聞く」「話す」「書く」の四技能が必要なのはもちろんですが、それだけではありません。**グループワーク**としての活動、単に調査して情報を得るだけでなくそこから新たな価値をも創造する技能である**21世紀型スキル**[2]と呼ばれるスキルも必要となる、複合的なタスクであることが特徴です。

　21世紀型スキルは、ただ情報を得るだけでなく、手に入れた情報を用いて、他人と協働しながら課題解決を目指そうとします。また、當作（2016）は、「SNA（ソーシャルネットワーキングアプローチ）」と呼ぶ新たな言語教育のアプローチを提唱しています。これはことばと文化を学ぶことを通して、学習者の人間的成長を促し、21世紀に生きる力を育てるというものです。プロジェクトワークはさまざまな項目からなっており、それぞれに異なるスキルが必要となります。その中には新たな言語教育観であるSNAでも重視される項目が多く含まれているといえるでしょう。

　プロジェクトワークで扱うテーマにはどのようなものが考えられるでしょうか。上級レベル、特に大学などの高等教育機関などで実施する場合には、上述した「地球温暖化」のような世界で問題になっている話題を扱うことがよくあると思います。現在、SDGs（エスディージーズ）[3]が世界的な課題になっていますので、それに関連するテーマを選択することは、社会や世界につながるための言語教育としても重要なことであると思います。ただ、このような重いテーマをいつも選ばなければならないかというとそうではありません。クラスのレクリエーションの計画を立てて実行するとか、ホストファミリーへの礼状

2　ATC21s（Assessment and Teaching of 21st Century Skills）という団体が提唱しているスキルで、21世紀に生きていくのに必要な技能を定めたもののことです。

3　SDGs（Sustainable Development Goals）は、持続可能な開発目標と訳され、2015年に国連サミットで採択された国連加盟国が15年の間に達成すべき目標を指します。「貧困をなくそう」など、17の目標が含まれています。

を書くとか、担当クラスの日本語レベルや使える時間などを考慮しながら、テーマを考えることが大事です。これらの実施には具体的にどのようなプロセスがあり、どのような技能や時間が必要かなどをリストアップして、授業計画を立てることが必要となります。

　プロジェクトワークの実施は時間も指導力も必要となり、1つのプロジェクトに何コマも使うことがあるため、日本語コースの中でいつでも何回も実施できるわけではありません。しかし、プロジェクトを完成させた際の学習者や教師の達成感は大きいものがあります。プロジェクトワークの実施は必ずしもレベルが限定されるわけではありませんが、日本語のコースの中で複合的な技能やプロセスを用いてゴールに到達する必要があるという意味では、まさに上級レベルに適合した教室活動といえます。

POINT

1　日本語教育における上級レベルの特徴は、話題を選ばない広い分野で、一般的な内容から専門性が高い内容まで、深い理解や詳細な産出ができるということである。

2　上級レベルでは、レベル別の教科書を使うのではなく、レアリア・生教材が使われることも多く、より実際に使われている日本語に近づくことが目標となる。

3　上級レベルでの教室活動では、さまざまな技能を複合的に使用することが重視される。

まとめタスク

▶　冒頭のキーワードの意味を、クラスメートと互いに説明しあってください。

▶　「所属するコースやクラスを紹介する動画を作る」というグループでおこなうプロジェクトワークには、どのような学習項目があり、どのような技能が必要かを分析してください。まず、どこで教えるかを想定してから、考えてみてください。

COLUMN 7
スピーチと日本語教育

　日本語教育のコースでは、学習の仕上げとしてスピーチ発表会などが設定されていることが多いかと思います。また毎年、いろいろな国々で、大規模な日本語のスピーチコンテストが開かれることがあり、優勝賞品として日本への航空チケットがもらえるケースもあるようです。以前私が教えた留学生は、コンテストに優勝したときの副賞のチケットで、初めて来日した経験を持っていると話してくれました。

　スピーチやプレゼンテーションなど口頭発表の活動は、このように参加する動機としても大きいものですし、学期などの区切りとして、学んだことの集大成として取り組むことができ、終了後の達成感も格別なものがあります。しかしその分、学習者にも教師にも、負担が大きくなります。

　口頭発表の大きい特徴は、多くの要素からなる複合的な活動であることです。まず準備として、話す内容を作文に書き、それをスライドなどにまとめることもあります。内容が完成したら、何度も練習をおこなったうえで本番を迎えます。実際の発表時には、内容だけでなく、発音や流暢さ、ジェスチャーなども重要な役割を担うため、口頭発表は、プロセスとパフォーマンス、両方が大事です。さらにこのプロセスには、学習者だけではなく、教師や周囲の人のアドバイスも含まれます。それが、口頭発表の評価の難しさにもつながります。

　スピーチコンテストというと、学習者がスピーチをしてだれかが評価をするというやや一方的なイメージがありますが、もっと皆が発表会の全体に積極的に関与しよう、ゲームのように楽しもうという考え方があります。それが「ビブリオバトル」です。自分のおすすめの本を5分で発表し、何人かの発表が終わったら、自分が一番読みたくなった本に投票する、という発表会です。上手な発表に投票するのではなく、あくまでも自分が読みたくなった本に投票、というのがポイントです。友人が集まって、ゼミで、日本語教師仲間で、気軽にできる知的な活動です。日常的に楽しんでおこなうことで、気がついてみたらスピーチが上手になっていたということになるかもしれません。ドキドキしながらも楽しい活動です。

第 8 章
技能別の教え方を
考えよう

この章を理解するための ▶ ▶ ▶ キーワード

- ▶総合型クラス、技能別クラス
- ▶漢字圏、非漢字圏、表記法
- ▶読解、精読、速読、多読、スキミング、スキャニング
- ▶言語相互依存仮説、ワーキングメモリー、パラ言語、ノンバーバルコ
  ミュニケーション

　第4章から第7章まで、学習レベル別に四技能を同時に学んでいく授業について述べてきました。この章では、四技能のいずれかに焦点を当てて学んでいくときの方法や注意点について学びます。

1
四技能を並行して習得する重要性

　一般的にいって初級の中頃までは、四技能を並行して学んでいくことが必要だと思います。というのは、四技能の習得レベルに著しい偏りがあると、初級の後半、あるいはその先のレベルに進むことが難しくなるからです。

　地域のボランティア日本語教室などで、会話はとても上手なのに、ひらがなも読めない、という外国人に会うことがあります。多言語環境に育った人が多いような気がしますが、子どものころからさまざまな言語を聞いて育った人の中には、短い時間に自然に新しい言語が話せるようになる人がめずらしくない

ようです。

　ところが、このような自然習得で日本語が話せるようになった人たちは、日常生活に不自由がなくても、日本語を使って学習や仕事をすることが難しいのです。というのは、自然習得では、音声言語（聞く・話す）を習得することはできますが、書記言語（読む・書く）ができるようには、ならないからです。

　それは、日本語を母語とする人にとっても同じです。小学校の「国語」の授業の主な目的が、すでに音声レベルの日本語を自然習得している子どもたちに「読み書き」を教えることになっているのは、そのためです。

　日常会話レベルで使われる日本語と、学習・仕事で使うレベルの日本語を比べると、語彙の質も量も大きく違います。新しい単語に出会ったとき、入門のときから四技能を偏りなく習得してきた学習者なら、文字を見て自分でスマートフォン（以下、スマホ）などを使って検索し、理解し、記憶することができます。漢字語彙の場合は、漢字の意味を手掛かりに未習語の意味を推測できる場合もあります。

　しかし、文字が読めない学習者は、未習語が出現するたびにだれかにその意味を聞かなければなりません。小学校低学年までの子どもは、常に周囲の大人に「○○って何？」と質問して語彙を増やしていきます。しかし、成人の日本語学習者がそのような環境を得ることは、かなり難しいでしょう。

　このように考えると、入門から四技能を同時に学んでいくことが大切なことだとわかります。しかし、初級の中頃まで学習が進むと、状況が少し変わってきます。学習目的と学習者の背景に合わせて、ある特定の技能を集中して学ぶクラスを作ることが必要なケースが出てきます。

　総合型教科書を使い、四技能を並行して学んでいく**総合型クラス**に対して、ある特定の技能の習得に目的をしぼって開かれるクラスを**技能別クラス**と呼んでいます。

　たとえば、日本の大学へ進学を希望している学習者は、大学の授業で使われる教科書や参考書を読むために高度な読解力をできるだけ早いうちに身につける必要があります。一方、仕事をするために来日したなら、職場で使う日本語の聴解や会話の能力をすぐにでも身につけることが優先されるでしょう。たとえば、技能実習生などは、それぞれの専門用語を覚えるだけではなく、仕事の申し送りのために日誌や記録を書けるようにならなければなりません。家族で

日本に滞在している学習者なら、子どもが学校から持ち帰るプリントや連絡メールを読むための練習が必要になります。

このように学習者が日本にやってきた目的によって、学ぶべき「技能」の内容もレベルも大きく異なっているため、来日した目的がはっきり決まっている学習者は、早い時期から目標をしぼって技能別に教える必要があります。また、そのほうが、学習効果も高くなるといえます。

そこで、この章では、このような技能別の教え方についてまとめました。発音や会話などは、総合型の授業に組みこまれておこなわれるので、この章では取りあげません《➡第4章、第5章参照》。また、CLIL、タスクベースの教育などの新しい展開については、すでに、第4章から第7章で取りあげているので、この章では、「技能別クラス」として時間割に加えられることが多い「文字」、「読む」指導（読解）、「作文」、「聞く」指導（聴解）について説明していきます。

2

軽視されてきた文字の指導

日本語は、学ぶのがそれほど難しい言語ではありません。たとえば、音声（発音）についていうと、音素の数が24程度で、世界のさまざまな言語の中では少ない言語に入ります。その中に特殊な音素もありません。音節構造も単純です。英語のように子音がいくつも連続するようなことはありません。同じように文法などもほかの言語と比較していくと、それほど難しくない言語だということができます。

しかし、「読み書き」に関してだけは、非常に難しいところがあります。それは、とても特殊な**表記法**（書き方）を使っていることです。日本語の表記法がどのように特殊か、列挙してみましょう。

1　異なった文字を混用すること
 1）ひらがな、カタカナ、漢字と3種類の文字を使う。
 2）そのうち「ひらがな」「カタカナ」は表音（音節）文字だが、「漢字」は表意（表語）文字である。

3）文字種の使い分けは、語種（和語・漢語・外来語）を原則とするが、それに加えてだれがどのような目的で、どのような読み手を想定して書いたかによっても変化する[1]。

2　漢字とその使用の難しさ

4）漢字は初級レベルでも、1000 字程度は覚える必要がある。たとえば、小学校で学ぶ教育漢字は 1026 字、常用漢字は 2136 字、JIS 第一水準漢字は 2965 字ある。

5）形が非常に複雑なものがある。

6）1 つの字にいくつもの発音と意味がある。

7）訓読みについては、字形（構成）と発音の間に関連性や法則がない。

このように日本語の表記法は、非常に複雑です。学習者は、それを学び、覚えていかなくてはなりません。先ほど入門から初級までは、四技能を均等に学んでいく必要がある、と述べました。そのとき、四技能の習得にかかる時間が同じぐらいなら、並行して学んでいくことができます。

しかし、日本語の場合、「読むこと」「書くこと」を習得するためにかかる時間が、「聞くこと」「話すこと」を習得するためにかかる時間に比べて非常に長くならざるをえません。

これは、母語話者でも同じです。特に漢字の習得には、時間がかかります。日本の小学校では 1026 字の教育漢字を 6 年かけて教えているのです。

それに対して、現在の日本語教育は、学習者にとって最も大きな障壁となる文字の教育について、あまり注意を払っていません。

なぜ、これまで文字語彙の学習・教育にあまり注意が払われてこなかったのでしょうか。その最大の理由は、日本語教育の歴史にあります。日本語教育が組織的、本格的におこなわれるようになったのは 19 世紀末ですが、それ以降、21 世紀に入るまでのほぼ 100 年間、学習者のほとんどが漢字圏出身の人たちに集中していたのです。

歴史的に東アジア地域では、「書きことば」（文字）に漢字を使用してきまし

1　たとえば、入門レベルで「猫」「ねこ」「ネコ」といった表記の使い分けを質問されることがあります。

た。この地域には、いくつかの異なった系統に属する言語があります。しかし、言語の系統に関わらず書きことばに漢字を使用する言語がかなりあったのです。

　母語が漢字を使うかどうかによって、日本語の習得スピードにかなりの差があるということは、日本語教育関係者には経験的によく知られており、この地域の日本語学習者を「漢字圏出身の学習者」、ほかの地域の学習者を「非漢字圏出身の学習者」と呼んで区別してきました。しかし、100年間にわたり漢字圏出身の学習者が圧倒的な比率をしめてきたため、日本国内でおこなわれる日本語教育は、習得スピードが速い漢字圏出身者を対象とするものがスタンダードとなっているのです。

　漢字圏出身の学習者は、あらためて漢字のしくみ（構成と意味）を学ぶ必要がありません。たとえば、中国語を例にとると、中国語と日本語では使われている漢字の字体に若干の違いがありますが、漢字の構成法がわかっている学習者であれば、日中の字体の差異を頭の中で修正して理解するのは、ごく簡単です。ですから、中国語母語話者は、日本の漢字を覚えるのに、ほとんど時間はかかりません。

　語彙についても、日本語の漢字語彙の多くが、中国語と共通しています。もちろん、中には意味が異なっているものもありますが、その場合も多くが類推可能です。たとえば、筆者が中国語を学びはじめたとき、先生が「中国語の『新聞』は、日本語の『ニュース』の意味で、日本の『新聞』は『報紙』といいますから注意してください」と教えてくれましたが、「新聞」も「報紙」も聞いた瞬間に覚えてしまいました。同じことが母語に漢字語彙を持つ日本語学習者にも起こるのです。

　ところが、近年になって、ベトナムを筆頭に東南アジアやネパールなど南アジアの非漢字圏出身の学習者が増加しています[2]。

　非漢字圏出身者も、聞くことと話すことを学ぶのに必要な時間は、漢字圏出身者と変わりません。しかし、彼らはそれに加えて読むことと書くこと、つまり文字を一から学ばなければなりません。同じ学習時間、同じカリキュラムで

2　本来ベトナムも漢字圏なのですが、現在、学校教育でまったく漢字を学ぶことがないので「非漢字圏」とされます。ただし、ベトナムの日本語教育では「漢越語」（ベトナム語の「漢語」）を利用して日本語を教える試みをしているところもあります。

授業をすると、しだいに習得状況に大きな差が生まれてしまいます。

　したがって日本語の文字指導は、日本語教育に関係する人々が、あらためて真剣に取り組まなくてはならない大きな課題になっています。筆者は、非漢字圏出身の学習者に対しては、文字を指導するための技能別クラスを入門の段階から時間割に入れなければならないと考えます。

　それでは、文字を教えるためにどのようなことに注意すればよいか考えてみましょう。まず、最初に確認しておかなければならないことは、文字教育と語彙教育を区別することです。

　これまでの日本語教育では、文字を教えるとき、一緒にその文字を使ったことば（語）も教えようとする傾向が強くありました。漢字は、文字であると同時に語でもありますから、漢字を教えるときには、無意識のうちに、その漢字を使った語も一緒に覚えてもらおうとしてしまうのです。初級の漢字教材など、漢字を教えるというよりは、（漢字）語彙を教える教材になっているものが多く見られます。

　しかし、文字（漢字）をこれから覚えようという人に、この字を使うことばには、こんな語やあんな語がありますと、次々と語を教えても混乱するだけです。まず、文字を教え、それが理解できるようになってから、文字を組み合わせて作った語を教える、という手続きをふまなければなりません。

　日本の小学校では（中国の小学校でも）、漢字を教えはじめるときは、一字一字について部首と画数に注意を向けて覚えるように、かなり徹底して指導しています。つまり、まず「文字」を教えます。ですから、日本や中国で初等教育を受けた人は、口頭（たとえば電話）でも、偏や旁などの名前をいって、どの漢字を使うのか伝えることができます。

　そして、このように漢字の構成（偏と旁、冠と足など）に習熟していれば、よく似た形の漢字を一瞬のうちに選択することができます。

　それに対し、非漢字圏の学習者の多くは、漢字を「画像・イメージ」としてしか理解していません。記憶するときも「絵」として、全体のパターンを覚えようとするわけです。この方法だと特定の漢字（よく目にする「日本」など）だけは、なんとか覚えられるのですが、漢字の数が増えると、まったくついていけなくなります。

　したがって、漢字を「絵」として見るのではなく、その構成を理解し、パー

ツに分解し、記号として識別（区別）できるようになるところまでが、日本語教育の「文字語彙」指導の範囲だと考えられます。

　漢字の構造が理解できていれば、さまざまな情報機器（と辞書）を使って自分で漢字と語彙を調べられるようになります。ここから漢字の「語彙教育」が始められるわけです。

　文字教育と語彙教育の境界がどこにあるかについて定説はないようですが、日本の小学校では1年生で80字、2年生で160字の漢字を覚えます。そこから類推して、だいたい基礎的な漢字を100字程度マスターすれば、自分で漢字を調べたり、選んだりできるレベルになるのではないでしょうか。

　ただ、すでに述べたとおり、現行のシラバス、カリキュラムは、漢字圏出身者をスタンダードとしています。文字指導を考慮に入れた、非漢字圏出身の学習者のための標準的なシラバス、カリキュラムが新たに検討されなければならないと思います。

3

読む指導：精読・速読・多読

　読解とは、言語知識を活用し、また文脈・場面や背景知識を手掛かりにして文字から意味を構築する過程です（国際交流基金 2006: 13）。書き手が送ろうとした意味を必ずしもそのまま受け取ることではなく、聞き手や読み手が自分の背景知識を活用して意味を構築する過程だと考えられています（国際交流基金 2006: 13）。

　読解や聴解での理解は、ボトムアップ処理とトップダウン処理によっておこなわれます《➡第7章参照》。通常、人が読解や聴解をおこなう際、これらの処理のどちらも使用しています。

　「読解」授業としてよくおこなわれるのは、**精読**と**速読**の練習です。

　精読は、あまり長くない教材をゆっくり読み、精密に情報を読みとる練習をします。中級以上の日本語教育では、精読にかなりのウェイトが置かれることが多いと思います。そのために、数多くの読解教材が出版されています。

　精読の授業は、ただ読んで理解できればいいというのではなく、その時間の学習・習得目標を明確に定め、読む前の活動（プレタスク）、読んだ後の活動

（ポストタスク）を含めて、まとまった「授業」として構成しなければなりません。

　具体的には、語彙、表現文型、修飾－被修飾関係の理解、文脈指示や文章の構成などが理解できているかを確かめながら進めていく必要があります。その際、学習者のレベルや、ほかのクラスでどのような授業をしているか、その内容を確認しておく必要があります。したがって、精読の読解教材を授業で使うときには、授業の前に総合型教科書と同じような教材研究をおこなうことが必要です。

　速読は、時間をかけずに大意を理解する練習をします。精読とは違い、宿題としておこなわれることも多いと思います。また、家で資料を速読して、クラスではその情報にもとづいて討論をおこなうような授業も考えられます。

　精読は主にボトムアップ処理を、速読は主にトップダウン処理を用いて読んでいくことを習得するためにおこなわれますが、実生活で何かを読むときに「これはボトムアップ処理で精読しよう」とか「これはトップダウン処理で速読しよう」と考えて読みはじめる人は、たぶんいないでしょう。人は、読むものの内容やその場の状況によって自由に精読と速読を切り替え、また2つの処理を組み合わせて「読んで」いるのです。したがって、授業でも両方の「読み方」があることを学習者に意識してもらうことが重要です。

　さらに、読解クラスでは、教師が読解教材を読む前に、教材の背景知識に注意を向けるような話をしたり、そこに使われている既習の言語知識を整理したりして、学習者に提示しておくことが求められます。

　読解の際、学習者は、スキーマ《➡第7章参照》を駆使して総合的に理解していくことが重要です。そのため、読解の授業を始める前に、教師は学習者のスキーマを活性化することによって、学習者にスキーマが読解力を高めることを実感してもらうのです。

　特に学習者の専攻分野や業務に関する文章を読む場合は、スキーマを活用することで理解度と速度をともに大きく上げることができます。専門分野に関する文章は、すでに一定の情報を持っている、つまりスキーマを活用できることを前提にして、情報が記述されているからです。

　実生活で多く使われる速読は、単に「速く読む」だけではなく、**スキミング**と**スキャニング**という2つのテクニックを意識して習得することが重要だと

いわれています。スキミングとは、いわゆる「斜め読み」といってよいでしょう。文章全体に目を通して大意をとる技術です。スキャニングとは、いわゆる「拾い読み」で、必要な情報を表す特定の語句（キーワード）に注目して、その語句を中心に読んでいく技術です《➡コラム8「日本語の読解方法」参照》。

このような精読と速読、ボトムアップとトップダウン、スキミングとスキャニングという技術をまじえた読解能力を自然に身につけるために、初級から中級レベルへの移行で奨励されるのが「**多読**」です。

多読とは、自分が好きなテーマの、難なく読めるレベルのテキストをたくさん読むことです。その際、辞書を使わないで読むことが望ましいのです。

古くから英語教育では、多読により読解力を身につけることが奨励されてきました。そのため、学習者のための Graded Readers（学習レベル別の読み物）が数多くあります。書きおろしのオリジナル作品だけではなく、著名な作品を語彙・文法を制限して書きなおした（リライトした）教材もあります。たとえば、シェイクスピアの作品などは、グレード（学習レベル）別に何種類も刊行されています。

このような多読教材は、授業中に一斉に読むのではありません。教師が、読むべき本のグレードやリストを提示し、学習者が図書室に行って自分の好みに合わせて本を選び、それを読書ノートなどに記録して提出する、という形式で学習に取りいれられることが一般的です。

つまり多読は、授業中に一斉におこなわれる読解練習と異なり、自分に必要な、あるいは興味のある内容を数多くの資料から選び、その内容を自分で理解するという実践的な訓練です。それにより、教室での受け身の読解練習を学習や生活に必要な主体的な読解力へと発展させることができるのです。

日本語教育でもこのような多読練習ができればよいのですが、日本語の多読教材は、まだあまり多くありません。

NPO多言語多読（旧NPO法人日本語多読研究会）[3]のWebサイトでは、会員が作った多読教材を読むことができます。また市販されている代表的な多読教材に『レベル別日本語多読ライブラリー　にほんごよむよむ文庫』や『どんどん読める！　日本語ショートストーリーズ』、『にほんご多読ブックス』など

3　NPO多言語多読「にほんごたどく」https://tadoku.org/japanese/

があります。しかし、その数はまだ十分ではありません。

　そこで、書くことが好きな方なら、ぜひ多読のための読み物を書いてみていただきたいと思います。それを自分の授業で使うだけではなく、Web サイトなどに公開すれば、ほかの教師にも歓迎されます。

　なお、オリジナルな著作物ではなく、既成の著作物をリライトする場合には、著作権に注意しなければなりません。文芸作品については、著作権が消滅した作家についての情報を青空文庫[4]などで調べることができます。

4

書く指導と作文教育の意味

　すでに文字指導のところで述べたとおり、日本語では「書く」前に文字を習得することが必要です。特に非漢字圏の学習者には、きちんと時間をとって文字指導をすることが欠かせません。最低限、漢字の構造がわかって、漢字を「候補の中から選ぶ」ことができていなければ、書くことの指導は始められません。なお、ここで「書く」ということばは、手で「書く」場合とパソコンやスマホなどを使って「打つ」場合の両方を指しています《➡コラム 4「「手で書く」練習は不要か」参照》。

　ひとことで「書く指導」といっても、その内容は 2 種類に分けられます。それは、仕事や学習のために、①客観的に情報を伝達するために書く、というものと、②自分のことや気持ちをほかの人に表明するために書く、というものです。自分が担当する学習者は、どんな文章を書くことが必要なのかを考え、目標をしぼって習得できるようにします。

　①客観的に情報を伝達するために書く文章というのは、自分が書きたいから書くのではなく、仕事や課題のために書く文書にほぼ限られます。また、書くときには、ほぼ 100 ％パソコンを使って書くといっていいでしょう。

　そのための練習は、定型的な文の単語を入れ替える練習から始めます。そして、しだいに長い文章が書けるように練習していきますが、業務文書は「できるだけ早い時期から書けるようになる」ことが要求されることが多いのです。

4　青空文庫「著作権の消滅した作家名一覧」https://www.aozora.gr.jp/siryo1.html
　著作権がある著作物は、リライトおよび公開に著作権者の許諾が必要です。

たとえば、業務日誌や引き継ぎのための記録などが書けなければ、仕事が始められません。

ただ、このような文書には、ほとんどオリジナリティが要求されません。そこで、決められた様式（フォーマット）や、ひな形（テンプレート）に、ほかの文書をモデル、サンプルとして使って、コピー・アンド・ペースト（コピペ）を最大限に活用して連絡、記録する方法を教えていくのが現実的です。

それに比べると、②自分のことや気持ちをほかの人に表明するための文章を書けるようになることには、それほど切実な必要性がない、という考え方もあります。確かに来日した学習者が2〜3年の滞在で帰国する予定なら、書くことで発信できなくてもあまり問題ないかもしれません。しかし、日本に長く住むのであれば、日本語で自分のことを書いて発信する能力があるかないかで、生活の質が大きく変わってしまいます。

日本での滞在中、ほとんどの学習者は、出身地を同じくする人たちとSNSで母語による情報交換を日常的にしています。同じことを日本語でもできるようにすると、受け取る情報量が飛躍的に増え、生活の質を向上させることができるのです。その情報が彼らの母語に翻訳されて伝わっていくことも期待できます。

SNSを使って日本語を発信する練習は、SNSそのものを使ってやります。まず、日常会話の延長として1文の短信から始め、しだいに、文章を構成していけるようにします。といっても、一人で外国語を使ってSNSに参加することをためらう人も多いので、まず、授業にSNSを取りいれ、クラス内で交信しあうことから始めるとよいと思います。FacebookやLINEなどにクラスの学習者だけが参加できるグループを作り、日常的な連絡をそこでおこなうといった方法です（ただ、参加を強制してはいけません）。

しかし、SNSによる発信は、話しことばに近い性質を持っている、という点に気をつける必要があります。大学や大学院で学んだり、企業で企画書などを書けるようにするためには、理論的に組みたてられた、より長い文章を書くことを練習しなければなりません。

書くことを練習するクラスでは、教師がどのようなテーマ（タスク）を学習者に提示するかが、きわめて重要です。

書く力をつけるためには、SNSのような短い単文の発信から、複数の文か

らなる作文、さらに段落が形成された「作文」（エッセイ）へと進んでいくように誘導することが必要です。そのため、自然にできるだけ長く書くことができるような複層的なテーマを提示しなければなりません。

たとえば「私の趣味」というテーマであれば、単純に現在の趣味を書けば終わってしまいますが、「10 年前に好きだったこと、今好きなこと」というテーマであれば、過去と現在を対比して「10 年前はこれが好きだったけれど、こういう理由であまり興味がなくなり、それに代わって……」と話を続けていくことができます。

同じように「私の故郷（出身地）」というテーマだけを示して書いてもらうと、書いただけで終わってしまいます。それを「2 泊 3 日の日程でクラスメート（あるいは日本の友人）があなたの故郷を訪問するときのスケジュールとガイドを書いて、相手に渡して読んでもらう」といった読み手を強く意識したタスク活動にするといったしかけをするのです。

また、書くテーマを学習者自身に「持ってもらう」ことも重要です。自分自身が本当に書く必要がないと思えば、なかなか人は書こうとしません。そのため、教室活動では、教師がまず自分自身のことを書いたものを読ませることが効果的です。その後、学習者間で同じテーマについて体験を話したり、考えを述べあったりして、学習者との対話を通して書くことに向かわせるような実践が望まれます。

外国語としての日本語学習者は多くの場合、成人であるため、すでに母語で「書く」ためのリテラシーを持っていることが多いはずです。カミンズが提唱した**言語相互依存仮説**によると、認知的な言語能力は母語と第二言語で相互に依存しあっています。つまり、母語で上手にできることは、日本語でも上手にできるし、母語で苦手なことは、日本語でも苦手だというのです。筆者の経験では、会話やスピーチなどでは、この仮説はかなり正しいように思われます。

同じように、書くことについても、母語で書ける人は日本語でも書けるし、母語で書けない人は日本語でも書けないはずです。ところが、書く能力については、この仮説が当てはまらない場合もあるように思います。というのも、今まで作文はものすごく苦手だったが、日本語では、楽しく長い作文を書けた、という学習者がけっこういるのです。

そのように考えると、作文教育の目的は、書きおえたものを評価することに

あるのではないと思います。「日本語で書きたい」という気持ちを持ってもらうことが、授業の目標です。そして、「書きたい」という気持ちを持つためには、読んでくれる人がいる、ということが最も重要です。

　SNS を取りいれることが効果的なのも、インターネットの向こうにいる数多くの読み手を強く意識しながら書くことができるからです。

5

聞く指導

　聴解とは、言語知識を活用し、また文脈・場面や背景知識を手掛かりにして音声から意味を構築する過程です（国際交流基金 2008a: 13）。

　読む場合は、すでに読んだ部分に戻って参照しながら読み進められるためボトムアップ処理が簡単です。しかし、聞く場合は、聞いているものの全体を確認することができません。聞くときには、頭の中で一時的に記憶をおこなう**ワーキングメモリー**の中で情報を処理しながら、次の話を聞いていくという作業をしています。

　ワーキングメモリーの容量は個人差や状況によって変わりますが、一定の制限があります。第二言語の場合は、言語そのものを理解し、解釈するだけでかなりの容量を使ってしまうと考えられているので、残った容量を使って内容を理解、判断していくことが、より困難になります。

　その一方、聴解は読解と異なり、声という多様性のあるメディアを持ち、**パラ言語**的な特性でも情報が伝わります。「パラ言語」というのは、たとえば、話し方や声の高さなど、音声言語で意味以外の部分で伝わる情報のことをいいます。たとえば、ひそひそ声で「秘密の話」であることが伝わるような場合です。私たちは声を聞くことで年齢や性別などについてイメージすることができますし、言語が理解できなくても、相手が喜んでいるのか、怒っているのかなどは、自然に理解できます。

　さらに、対面の会話であれば、身振りなどの**ノンバーバルコミュニケーション**や表情によって、非常に多くの情報を受け取ることができます。したがって、一概に聴解が読解より難しいとはいえません。

　聴解教材は、読解教材に比べると数が少ないと思います。しかし、その内容

を見るとスキーマの活性化に注目したもの、スキャニング、スキミング、シャドーイング《➡第2章参照》など、作成者によって力点の置き方が異なり、内容や方法は多彩です。学習目的に合わせて教材を選ぶことがきわめて重要であることはいうまでもありません。

　一方、聴解の授業では、生教材が使われるケースも少なくないのではないかと思います。生教材を使用して聞く力を高める練習方法としては、以下のようなものがあります。

1)　全体を聞いて、大意をつかむ
2)　必要な情報を峻別する
3)　止めながら、繰り返し聞く
4)　文字を見ながら聞く
5)　聞き取ったことを書く（ディクテーション）
6)　途中で止めて先を予測させる

　純粋に聴解力だけを養成するのであれば、文字の助けを一切使わずに聞いて理解できる力を育てるべきですが、筆者は、スクリプトを部分的に使用したり、資料を見ながら聞くなど、文字および図や写真、映像を補助的に使って聴解練習をするほうがよいと考えています。

　というのは、日常生活で純粋に聴解のみで情報を受け取らなければならないことは意外に少ないからです。現在、純粋に音声のみを使い、しかも片方向の（インタラクティブではない）コミュニケーションをおこなっているメディアはラジオなど、ごく少数にすぎません。

　しかし、大きな自然災害のときにラジオが唯一の情報源になる可能性があります。そのときには「やさしい日本語」や外国語で情報を伝えるなど、送り手側の配慮も望まれますが、地域の日本語教室などでは、豪雨や豪雪、台風、河川の氾濫などその地域の特性をふまえて、ラジオから情報を得る練習をしてもいいかもしれません。

　ラジオと並ぶ音声コミュニケーションの手段である電話もスマホに姿を変えて続いていますが、こちらは双方向のコミュニケーション、つまり「会話」であり、聴解練習とは違います。ただ、電話の会話は、対面の会話と異なり学習

者には難しいところがあるので、会話練習の中に電話での会話を取りあげることは必要だと思います。

　以上のように、聴解の練習は、聞くことに何かをプラスしたメディアミックスの形で進めていくとよいでしょう。筆者はよく中級レベルの日本語クラスでアニメの一部を教材化しています[5]。ドラマと異なり、アニメは声の調整が明確で学習者にも聞き取りやすくなっています。また、ニュースなどとは異なり、日常的なやりとりが多く含まれます。初級レベルの学習者は生のアニメを聞いて理解することは、少し難しいかもしれませんが、スクリプトを作って、その一部を空白にして、そこに入る単語リストを作るなどの工夫をすれば、初級のクラスでも使えます。

POINT

1　学習者の学習目的とゴールがはっきり決まっている場合は、早めに技能別クラスを設置すると効果的である。
2　非漢字圏出身の学習者には、文字の指導が非常に重要である。
3　技能別クラスでどのように教えるかを決めるときは、スキーマ、トップダウン・ボトムアップ、スキミング・スキャニングなどの概念を活用する。

まとめタスク

▶　冒頭のキーワードの意味を、クラスメートと互いに説明しあってください。
▶　技能別の教材をできるだけ数多く比較して、それを使う学習者と学習目的を考えてみましょう。また、それぞれの著者（作成者）がどのような考え方にもとづいて教材を作成したのか、「はじめに」や「この本の使い方」などを読んで確かめてみましょう。

5　対面授業のときは問題ありませんが、リモート授業のときにアニメなどを使用すると、やり方によっては「配信」と解釈され、著作権法に抵触するため注意が必要です。

COLUMN 8
日本語の読解方法

　文章の大意を読みとるスキミングでは、各パラグラフ（段落）の中心文（トピック・センテンス）を読んでいく方法が一般的です。欧米語、特に英語では、1つのパラグラフのトピック・センテンスを1文だけとし、それをパラグラフの先頭に置くことが奨励されています。

　このような作文技術をパラグラフ・ライティングと呼びます。学術論文や業務文書などは、特にパラグラフ・ライティングが求められます。このように書かれた文章は、各パラグラフの先頭の文をスキミングしていけば大意がとれるのです。

　ところが、日本語の場合、学術論文でもパラグラフ・ライティングがあまりおこなわれていないことが多く、母語話者でもスキミングがそれほど簡単にできません。

　木下（1981; 1994）は、日本人の書く文章がパラグラフ・ライティングの原則から外れがちな原因を、日本語の統語構造にあるのではないかと推定しています。文の「結論」にあたる述語が文末に置かれる、という日本語の思考形式が、パラグラフ・レベルにまで及んでいるのではないかというのです。理由はともかく、パラグラフ・ライティングが難しい日本語では、スキミングによる速読も難しいといえるでしょう。

　その一方、日本語は、スキャニングによる速読にきわめて向いた言語です。それは「漢字かな交じり文」という特殊な書記法を持っているからです。文章中の漢字語に注目することで、スキャニングがほかの言語で書かれた文章よりずっと容易になるのです。

　しかし、漢字語を拾って読むスキャニングが自然に習得できてしまう漢字圏出身者は、しばしば、漢字で書かれていない文末の否定表現やモダリティ表現（話し手の判断や気持ちを表す表現）を読まずに文意を誤解してしまうことがあります。漢字圏の学習者に教えるときは、このような「スキャニングのしすぎ」による誤読にも注意が必要です。

第 9 章
テストの目的と作り方を考えよう

この章を理解するための ▶ ▶ ▶ キーワード

▶テスト
▶プレースメントテスト、クイズ、ディクテーション
▶小テスト、中間テスト、期末テスト
▶妥当性、信頼性

　学習者がどれだけの日本語力を持っているか、日本語コースでどれだけの日本語力をつけたかを測るために、最もよくおこなわれるのが**テスト**です。

　テストは、限られた時間内で、その時点での学習者の日本語力の、ある側面を測るものです。テストで学習者のすべての日本語力を包括的に測れるわけではありません。そのため、テストを実施する教師は、いつ、どのような目的で、どのような方法のテストを、どのようにおこなうか、得た結果をどのように使用するかを十分検討したうえで実施する必要があります。

1
日本語コース内のテスト

　日本語コースでは、クラス分けのためにおこなう**プレースメントテスト**から始まり、授業内での**クイズ**、教科書の課ごとにおこなう**小テスト**、学期の中頃におこなう**中間テスト**、学期の最後におこなう**期末テスト**というように、初めから終わりまで、テストがつきものです。以下、それぞれのテストの特徴と、

テストの作り方を順に説明します。

1-1　プレースメントテスト

　日本語コース開始前には、新たにコースに入ってくる学習者の日本語力を把握するために、プレースメントテストをおこないます。その結果によって、学習者のクラス分けをしたり、教える内容を判断したりします。

1-2　クイズ

　日本語のクラスでは毎回のように、授業の初めにクイズをおこなうことがあります。クイズは短い時間で、前回の授業で扱ったり、宿題にしたりした学習項目（文字・語彙・文法など）の確認をおこなうことが多いです。

　クイズの方法の1つとして、**ディクテーション**を紹介します。ディクテーションは、音を聞いて、書き取ることです。文字や語彙、学習項目が含まれる文などを、教師が言ったり、録音された音声を流したりして、学習者がそれを正しく書き取ることができるかどうかを確かめます。ディクテーションでは、語や学習項目の意味や使い方を問うことはできません。音さえ聞き取れれば書くことができるからです。それでも、文字を正しく書けるか確認したり、前回の学習項目を思い出したり、既習項目の形の確認ができたりします。また、清音と濁音の区別や、促音のあるなしなど、学習者にとって区別しにくい日本語の音と表記の関係を語単位、文単位で確認するのに役立ちます。

1-3　小テスト・中間テスト・期末テスト

　教科書の1つか2つの課ごとに小テストをおこなったり、学期の中盤に中間テストをおこなったりする日本語コースは多いでしょう。小テスト、中間テストでは、限られた範囲内の学習項目が出題されます。その結果から、学習者がそれまでの学習項目をどのぐらい身につけたかを測定し、その後の学習項目や教授方法を検討する材料とします。

　また、1学期間に扱った学習項目すべてを範囲として、それらがどれだけ身についているかを測定するのが期末テストです。その結果によって、進級や次の学期のクラス分けが決まることもあります。

2

テストの作成 [1]

　次に、それぞれのテストの中で、どのような内容を扱い、どのような問題を作成するかを、具体的に示します。まず、プレースメントテストの特徴について述べてから、文字、語彙、文法、読解、聴解、作文、話すテスト、という項目別の問題作成について説明します。

2-1　プレースメントテスト

　プレースメントテストは、1つの同じテストを用いて、日本語コースに入る前の学習者の日本語力を測ります。多くの場合が筆記テストで、文字、語彙、文法、読解、聴解、作文などの技能を中心に、その日本語コースで扱う学習項目を網羅的に出題します。もし、初級から上級まで、文法を中心に扱う日本語コースであれば、入門期に学ぶ基本的な文型から、上級の機能表現まで、すべての設問が必要になります。入門期の学習者はできる問題がほとんどなく、上級の学習者は満点に近い点数がとれるでしょう。そのコースで設定されているクラスのレベルにしたがって、日本語力が判断できる設問が必要です。なお、日本語が未習であることがわかっている学習者には、プレースメントテストは必要ありません。

　プレースメントテストでは、筆記テストに加えて、インタビュー（面接）をおこなうことがあります。インタビューは、日本語を聞いたり話したり、やりとりしたりする力を測るのと同時に、学習者の学習歴や学習目的などを知る機会にもなります。また、筆記（書く）とインタビュー（話す）で、日本語力に大きな差のある学習者に気づくこともできます。それらを総合して、学習者のクラス分けやクラスの学習項目を決めます。

　一方で、規模の大きい教育機関などでは、毎回プレースメントテストを作成、実施したり、一人ひとりにインタビューしたりすることは、教師の負担が大きくなります。そのため、プレースメントテスト用に公開されているテスト

1　本節は、伊東（2008）、国際交流基金（2011b）、関・平高編（2013）などを参考にしています。

（J-CAT や SPOT など）[2] が使用されることもあります。

2-2　文字のテスト

　日本語にはひらがな、カタカナ、漢字という 3 種類の文字があります。ひらがな、カタカナは音を表す文字ですから、①音と形が結びついているか、②形を正しく書けるか、を確認する必要があります。

　①の場合は、学習者が 1 つの音を聞いて、その文字を選択肢から選んだり（例 1）、その文字を自分で書いたりする方法があります。ただし、①を確認するのであれば、学習者が自分で文字を書く方法でなくてもいいでしょう。学習者によっては、その文字を見ればわかるのに、正しく書くことができない、ということもあります。音を聞いて、学習者自身が文字を書く問題は、①と②の両方の力を同時に測っていることになります。もちろん②を確認するのであれば、学習者が書く必要があります。

　また、注意したいのは、語彙のテストではないため、一文字一文字で確認する必要があるということです。

例 1　　　　　　　　　　　　　　a.　お　　b.　あ　　c.　め　　d.　ぬ

　一方、漢字は意味を表す文字です。そのため、①音（読み方）と形の結びつき、②形の正しさ、③意味、を問います。漢字は形が異なっていても同じ音を持つものがあるため、文脈の中で意味とともに問う必要があります。①であれば、教師が文中の漢字に線を引いて、学習者が読み方（ひらがな）を選択肢から選んだり、書いたりします（例 2）。あるいは、教師が文中の漢字をひらがなにして、そこに線を引いて、学習者がそれにあたる漢字を選択肢から選んだり、書いたりします（例 3）。この場合も、学習者が選択肢から漢字を選べるか、漢字を正しく書けるか、どちらを問うかを意識して、問題を作るようにしましょう。

2　日本語教育支援協会「日本語テストシステム J-CAT」https://j-cat.jalesa.org/
　　TTBJ「SPOT（Simple Performance-Oriented Test）について」https://ttbj.cegloc.tsukuba.ac.jp/p1.html

例2　私は明日、＿＿学校＿＿へ行きます。
　　　a.　かいしゃ　　b.　がっこう　　c.　だいがく　　d.　こうこう

例3　私は明日、＿だいがく＿へ行きます。
　　　a.　会社　　b.　学校　　c.　大学　　d.　高校

　漢字を正しく書けなくても、選ぶことができればよいという考え方があります。その考えで選択肢の中から漢字を選ぶ問題を作ろうとすると、選択肢の作成が難しいことに気づきます。ただしこの場合、採点は簡単です。一方、学習者が漢字を書く問題は、問題作成は簡単ですが、採点時に、とめやはね、線の長さや字全体のバランスなど、どこまで正確さを求めるか検討が必要で、時間がかかります。

　学習者に何を問うかに意識的になり、教師の問題作成と採点、それぞれの負担とバランスを取りながら作問する必要があります。

2-3　語彙のテスト

　語彙のテストは、①音の並びと意味の結びつき、②文字列と意味の結びつき、という聴覚と視覚の両面から確認する方法があります。①の例として、教師が1つの語を言って、学習者にその意味の母語や媒介語を書かせる方法があります（例4）。②の例として、教師が学習者の母語や媒介語で1つの語を提示し、学習者がその意味の日本語を書いたり、選択肢から選んだりする方法があります（例5）。反対に、日本語で1つの語を見せて、母語や媒介語で同じ意味の語を書くという方法もあります。

例4　　　　　　　　　　　　（　　　apple　　　）

例5　　apple　　　a.　たまご　　b.　パン　　c.　みかん　　d.　りんご

　初級では、絵で表すことのできる具体的な意味の語彙が多いため、母語や媒

介語を使わずに、教師が絵を提示して、学習者がその意味の日本語の文字列を選んだり書いたりする問題を作ることができます（例 6）。反対に教師が 1 つの語を音声や文字で提示して、学習者がその意味の絵を選ぶ方法もあります（例 7）。

　ごく初級の学習者は、ひらがなやカタカナを読んだり書いたりすることに大きな負担がある場合があります。また教師が、学習者の母語や媒介語に対応できないこともあります。そのため、教師が媒介語を使ったり、学習者に日本語の文字列を書かせるのではなく、教師が絵や日本語の文字列を示す方法が有効です。

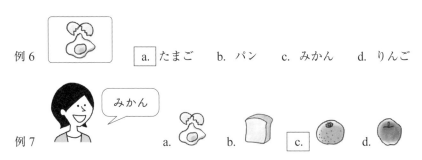

例 6　　　　　　　　a. たまご　　b. パン　　c. みかん　　d. りんご

例 7　　　　　　　a.　　b.　　c.　　d.

　学習者の日本語の知識が増えてくると、語彙の使い方も重視して、問題を作ることができます。文中に入る正しい語を選んだり（例 8）、提示された語が正しい使い方をされている文を選択肢から選んだりする方法があります（例 9）。また、似ている意味（例 10）、反対の意味の語を問うなど、体系的な意味を問う方法にも広がります。

　　例 8　このレストランはおいしくないので、店内はいつも（　　　）だ。
　　　　a. ふらふら　　b. ぐっすり　　c. がらがら　　d. うっかり
　　　　　　　　　　　　　　　『日本語能力試験公式問題集　第二集　N3』p. 7

　　例 9　急
　　　　a. この料理は電子レンジを使って急にできるので、とても簡単だ。
　　　　b. あと 10 分で電車が出発してしまうので、急に駅に向かった。
　　　　c. 部屋から急に人が飛び出してきたので、ぶつかりそうになった。

　　　　d.　新しいゲームを買ったので、家に帰って<u>急に</u>やってみた。

　　　　　　　　　　　　　　『日本語能力試験公式問題集　第二集　N3』p. 8

例 10　水の表面が<u>かがやいて</u>います。
　　　　a.　止まって　　　b.　揺れて　　　c.　汚れて　　　d.　光って

　　　　　　　　　　　　　　『日本語能力試験公式問題集　第二集　N3』p. 9

　ただし、これらの問題も、教師が選択肢を作成するには苦労があり、時間が
かかるでしょう。一方で、選択肢を示さず、学習者に直接答えを書かせる問題
にすると、さまざまな回答が出てきますし、正答とするか、部分点とするか、
まちがいとするかに、微妙な判断が必要な場合もあり、採点に時間がかかりま
す《➡ 2-4 で詳述》。それらを考慮したうえで、どのような問題を作るか、検討
する必要があります。

2-4　文法のテスト

　文法には、文型、助詞、活用、テンス、アスペクト、ヴォイス、接続表現な
ど、さまざまなものが含まれます。文法のテストでは、①形と意味を理解して
いるか、②適切な場面で使えるか、を問います。①の例として、たとえば教師
が文中の助詞を（　）にし、学習者がそこに入る助詞を書いたり（例 11）、教
師が「ます形」で提示した動詞を、学習者が指示にしたがってほかの形に書き
換えたり（例 12）、教師が平叙文で提示した文を、学習者が受け身文に書き換
えたり（例 13）、教師が文の前件を示し、学習者が後件を書いたり選択肢から
選んだりする（例 14）、などの方法があります。

例 11　私はりんご（　が　）好きです。

例 12　行きます　⇒<u>　（て形）　　　行って　　　</u>

例 13　母は私をほめました。
　　　　⇒<u>（受け身文）　　私は母にほめられました　　　</u>。

例 14　お金があっても、＿＿a＿＿。
　　　　a. 働きます　　b. 旅行します　　c. 車を買います

　②については、場面と文脈を具体的に示し、その中で正しい判断ができるか
を問います。たとえば、動詞の活用形の変換で、単に指示どおりにある形に変
換できるかではなく、指示がなくても、文脈に合わせて、動詞を適切な形に換
えたり（例 15）、会話文の中で、適切な受け答えの表現を選んだりする方法が
あります（例 16）。また、文章中の（　　）に入る適切な接続詞を選択肢から
選ぶ（例 17）などの方法もあります。

例 15　暑いですから、窓を（　開けます　⇒　　開けて　　）ください。

例 16　A：もうお昼ごはんを食べましたか。
　　　　B：a. はい、もうです。　　　b. はい、まだです。
　　　　　　c. いいえ、まだです。

例 17　昨日は家族と花見に行きました。さくらがとてもきれいでした。
　　　　（　　a　　）少し寒かったです。
　　　　a. でも　　　　b. そして　　　　c. それから

　次の例 18 と例 19 を見てください。それぞれどのような力を問うのか、考
えてみましょう。

例 18　昨日の夜、12 時に家へ
　　　　（a. 行きました　　b. 来ました　　c. 帰りました　）。

例 19　昨日の夜、12 時に家へ　帰ります　⇒　　帰りました　　。

　例 18 のように文脈に合う動詞や形容詞を選択肢から選ぶ問題は、動詞や形
容詞の意味を問う語彙の問題になります。一方で、例 19 のように、「帰りま
す」を与えたうえで、文脈にふさわしい形に換える問題は文法力を問うことに

なります。もし例19で「帰ります」を与えず、ただ空欄であれば、語彙力と文法力の両方を問うことになります。語彙力を問うのか、文法力を問うのか、その両方なのかを意識して出題する必要があります。

　同様に、例20のように、文の前件を提示し、後件を学習者に書かせる問題や、例21のように質問に対して学習した文型を使って一文で答えるような問題は、文法力以外の、語彙力にも関係します。

例20　明日、雨が降ったら、＿＿＿＿家で映画を見ます＿＿＿＿。

例21　Ａ：趣味は何ですか。
　　　Ｂ：＿＿＿＿音楽を聞く＿＿＿＿ことです。

　このように、学習者にとって自由度の大きい問題は、作問は容易ですが、さまざまな答えが出てきます。微妙な判断を要する場合があり、採点に時間がかかります。たとえば例21の解答として、「デパートを散歩することです」という文があった場合、文法的には正しいため、正答にすることもあり得ます。しかし、少し違和感があります。それは「散歩する」という語の意味にずれがあるためでしょう。このタイプの解答を正答とするか、部分点とするか、まちがいとするかは、基準の統一が必要です。また、この例のように完全な正答ではない場合、その原因が語彙力なのか文法力なのか、その両方なのかの判断が難しい場合もあります。そのため、それぞれの問題で何を問うのかを十分に検討し、作問と採点にかかる時間も考慮して、テストを作成する必要があります。

2-5　読解のテスト

　読解のテストでは、文章を読んで、その内容の理解を確認します。①どの文章を使うか、②どう内容理解の問題を作るか、を検討する必要があります。文章は、教科書や副教材から選ぶことができます。ただし、すでに読んだことのある文章では、読解力ではなく記憶力を問うことになります。そのため、テストの範囲内で、授業や宿題で扱わなかった文章を用いたり、同じレベルの文章を教師が新たに書いたりする方法もあります。

　教科書や副教材以外の、学習者が購入していない教材や問題集に載っている文章をテストに使用すると、著作権法に違反します。教材や問題集として出版されたものではない、新聞や雑誌の記事、小説、エッセイなどを使用することはできます（深澤・本田 2019: 150）が、その場合、学習者のレベルに合わせて文章を加工する必要があります。教科書、副教材、そのほかの素材を参考にしながら、教師が文章を作成するのが現実的な方法になるでしょう。

　次に、内容の理解を確認する問題は、文章の内容について、日本語か母語・媒介語で書かれたいくつかの短い文を読み、文章の内容と一致しているものに○、違っているものに×をつける、という方法があります。あるいは、チラシやお知らせのような形式で書かれた文章から、必要な情報を取り出す問題もできます。

　中級以上になると、多彩な問題が考えられます。文章内の（　）に入る文を問うたり、提示されたまとまりのある文章のタイトルを問うたり、筆者が最も言いたいことを問うたりする問題です。それらを学習者に直接書かせるのは読解力以外の力も必要になるため、選択肢から選ばせる方法が妥当でしょう。文章内の部分的な理解を問う質問だけでなく、全体的な理解を問う質問をすることも重要です。

　注意したいのは、たとえば文章の内容について、「あなたはどう思いますか」というような学習者の考えを尋ねる問題です。母語話者を対象とした国語教育ではしばしば見られる問題ですが、外国語として日本語を学ぶ学習者にとっては、自分の考えを表現する力を問うことになり、読解力だけでは答えられません。読解のテストでは、あくまでも提示された文章の理解を問うものである必要があります。

2-6　聴解のテスト

　聴解のテストは、音声を聞いて、その内容の理解を確認します。そのため、①音声のテキストをどう選ぶか、②内容理解をどう測るかを検討します。まず、①については、授業で使っている教科書や副教材にある、まだ聞いていない聴解問題を使うことが考えられます。読解のテストと同様、一度聞いた問題は記憶力を測っていることになり、聴解力を測っているとはいえません。また、学習者が購入していない教材や問題集を使うことは著作権法に違反しま

す。そのため教師が、教科書や副教材、そのほかの素材を参考に、テストしたいレベルの音声のテキストを作るのが1つの方法になります。

　内容の理解を確認する問題としては、音声を聞いて、日本語や母語・媒介語で書かれた問題文の内容が音声と合っていれば◯、まちがっていれば×をつける方法があります。ただし、聴解問題で選択肢が日本語で書かれていると、聞く力だけでなく、読む力も問われるという問題があります。そのため、音声を聞いて適切な絵や図などを選んだり、提示された絵や図などに、聞いた内容にしたがって、記号や数字を書き込んだりする問題が考えられます。ただし、絵や図などで理解を確認するには限界があります。選択肢も音声で提示する方法もありますが、質問文や選択肢が長いと、記憶力によって出来、不出来が左右されるため、検討が必要です。

　なお、テストで音声を聞くのは1回だけにします。まったく同じ内容の音声を何度も聞くことは、普段の生活では考えられないからです。ただし、話すスピードや学習者の解答の時間に配慮し、問題と問題の間のポーズの長さは、検討が必要です。テストのスムーズな実施を考えれば、音声はポーズも含めて一続きに録音しておくのがよいでしょう。

2-7　作文のテスト

　作文のテストでは、文字、語彙、文法をテーマに沿って総合的に運用できるかを確認します。テストをする際に検討すべきことは、①課題の設定と、②採点基準です。①については、テスト範囲で扱った語彙や文型、表現などの学習項目が使われやすいテーマを設定し、テーマに合わせた文章の中で学習項目が、適切に使えるかどうかを問います。たとえば、「（動詞）と思っています」「（動詞）つもりです」「（動詞）予定です」などの文型を扱った学期末の作文のテストで例22のようなテーマにすれば、使用する文型の提示がなくても、学習者はこれらの文型を使って書くでしょう。

　例22　あなたの夏休みの予定を書いてください。

　特に使用させたい語彙や文型がある場合は、あらかじめ問題文の中に提示する方法もあります。語彙や文型を提示する場合は、採点基準に、その語彙や文

型を使っていることが入り、使っていなければ減点となります。作文の長さを指定する場合は、原稿用紙のようなマス目に書かせて「○○字以上」としたり、文の数で「○文以上」とすることもできます。

　また、だれに対して、どんな目的で、どんな方法で書くかの指定をして、書かせる問題もあります。授業でEメールの書き方を扱ったり、敬語を学んだりしたあとであれば、例 23 のような出題ができます。

　　例 23　あなたが国でお世話になった先生に、日本での生活の様子を知らせるEメールを書いてください。

　採点基準は、どの教師が何度採点しても同じ結果が得られる**信頼性**を確保する必要があります。そのため、複数の評価の観点と、それぞれの得点を組み合わせたルーブリック（評価基準表）を作成するのが効果的です《➡第 10 章参照》。

2-8　話すテスト

　話すテストで検討すべきことも、作文のテストと同様に、①課題の設定、②採点基準です。話す力を測るための形式は、インタビュー、説明・描写、スピーチ、プレゼンテーション、ロールプレイなどがあります。

　インタビューは、初級学習者に対して、学習した文型が使えるかどうかを一問一答形式で確認するために実施することが多いです。説明・描写は、その場で説明・描写するテーマを与えて、話してもらいます。スピーチは、事前にテーマを与えて、原稿を準備し、練習をしてからテストに臨むことになります。プレゼンテーションは、事前に資料と原稿を準備し、発表します。ロールプレイは、その場で役割が書かれたロールカードを読んで、学習者が教師を相手に会話をします。

　これらすべてについて、作文のテストと同じように、採点基準が重要になります。ただし、作文のテストは学習者が書いたものが手元にあって、ルーブリックを見ながら内容を検討することができます。しかし話すテストでは、学習者の発話はその場限りなので、その場で採点していく必要があります。また多くの学習者がいる場合、一人ひとりの採点にあまり時間をかけることができ

ません。学習者の発話を録音したとしても、聞き返して採点していては、膨大な時間がかかります。そのため、学習者の発話を聞きながら、その場で採点できるような採点表（例24）を学習者の人数分準備しておき、その場で採点していき、迷ったときだけ、あとで録音を聞き返すのが効率的です。

例24　採点表

名前					／ 25
内容	5	4	3	2	1
発音	5	4	3	2	1
文法・表現	5	4	3	2	1
流暢さ	5	4	3	2	1
態度	5	4	3	2	1
コメント：					

3

テスト作成の際の注意

　まず、テストには、問題だけでなく、何にどう答えるかの指示が必要です。初級前半の学習者は、日本語の指示文がわからないことが多いです。そのため指示文を学習者の母語や媒介語で書くことも考えられます。しかし、教師が学習者の母語ができなかったり、多国籍のクラスで、1つの媒介語では理解できない学習者がいることもあります。その場合は、解答の仕方の例を示すことが有効です。やさしい問題を1つ作って、それを解答の仕方を見せるための例とするのがよいでしょう。

　次に、テストには問題ごとの配点が必要です。どのような技能をそれぞれ何点ずつの配点にして、合計で何点のテストにするか、また各問題の配点を何点にするか、日本語コースで重視する内容と照らし合わせながら設定されるべきでしょう。文法を重視するのであれば、文法問題の配点を高くし、読解を重視

するのであれば、読解問題の配点を高くする、ということです。

　また、これまでも述べてきたように、それぞれの問題が、どの力を測っているのかに意識的になる必要があります。たとえば、語彙なのか文法なのか、文法なのか作文なのか、複数の技能を統合した力なのか、ということです。教師がこれらを意識していないと、学習者の力を適切に測れなくなり、その後の教育効果にも影響します。

　最後に、どのテストも、作成したら、必ず自分で問題に答えてみましょう。実際に問題に答えると、答えにくさや設問のミスに気がつきます。できれば、ほかの教師に解いてもらって、意見をもらいましょう。

4
テストの条件

　日本語コース内のテストは、そのコースの授業で扱った学習項目を、学習者が理解し、身につけているか、そのコースの目標と照らして、どの程度できるようになったかを測るものです。たとえば、授業では読むことを中心にしていて、話す練習はしていないのに、話すテストをしたり、授業では聴解練習をしていないのに、テストでは聴解問題を出したりするのでは、学習内容と、テストで測る力が合わないことになります。こうした、学習内容とテストで測る力が合っているかどうかを、テストの**妥当性**といいます。教師は、そのコースの学習項目がテストに反映されているかどうかを確認する必要があります。

　次に、テストの問題が、個々の学習者の日本語力を正しく測る問題になっているか、という視点も必要です。たとえば、日々の観察から、学習内容をよく理解し、身についていると思える学習者の得点が低く、授業を休みがちで、学習内容をよく理解していないと思える学習者が高得点になるようなテストでは、信頼性が高いとはいえません。そのようなテストは、学習内容とテスト内容との不一致があったり、偶然によって得点が左右される問題があるのかもしれません。また、採点する教師によって、学習者の得点が大きく変わるようなテストも、信頼性が高いとはいえません。

　こうした、妥当性、信頼性の確保は、テストを作成するうえでの重要な条件になります。

POINT

1 日本語コース内のテストには、さまざまな種類があり、それぞれに目的がある。

2 一つひとつのテスト問題で日本語のどの力を測るのか意識的になる必要がある。

3 テストには、妥当性と信頼性が必要である。

まとめタスク

▶ 冒頭のキーワードの意味を、クラスメートと互いに説明しあってください。

▶ 初級日本語の総合型教科書の1つの課を選んで、その課の語彙テストを作成してください。学習者が共通の媒介語を持つクラスの場合と、共通の媒介語がない多国籍のクラスの場合の違いも考えてみましょう。

▶ 身近にある教科書以外の日本語のテキスト（新聞、雑誌、チラシ、インターネットニュースなど）を選んで、内容理解を確認する問題を作ってみましょう。

COLUMN 9
テストと評価基準

　日本語能力試験（以下、JLPT）は 2010 年に新試験へ移行しました《➡第 6 章
参照》。旧試験の時代には、『日本語能力試験出題基準』が出版され、各レベルの
合格に必要な漢字、語彙、文法項目がリストになって示されていました。一方、
新試験の「認定の目安」では、それらをコミュニケーションの手段として実際に
利用できることを目標に、漢字、語彙、文法項目の提示をしなくなりました。

　このような日本語力の捉え方の転換は、日本語教育にも CEFR などをもとに言
語能力の捉え方の変化の波が押し寄せてきた結果だといえます。しかし、たとえ
ば N4 の「読む」の「認定の目安」は「基本的な語彙や漢字を使って書かれた日
常生活の中でも身近な話題の文章を、読んで理解することができる」です。これ
だけを読んでも、学習者は何をどう学習すればいいのか途方に暮れてしまいます。

　実際、JLPT を受験しようとする学習者は、現在も旧試験の出題基準に相当す
る内容を、旧試験の時代と同じように学習している実態があります。公式問題集
や JLPT 対策として出版されている多種多様な問題集や参考書を見る限り、従来
どおりの勉強法で合格できることがわかります。

　そして JLPT の合格者の日本語力の特徴も、旧試験の時代と同じです。漢字圏
の学習者の中には N1 や N2 に合格していても、日常的な話題でのやりとりに困
難がある人がいます。一方、非漢字圏の学習者の中には日常的な話題でのやりと
りには不自由していないのに、JLPT では N4 レベルという人もいます。

　JLPT に限らず、大規模テストでは各レベルの評価基準が記述式で示されてい
ます。それらは抽象的な表現なので、学習者は具体的に何をどう学習したらいい
のかわかりません。合格のためには、試験に合わせた問題集や参考書での対策が
不可欠です。そして多くの場合、評価基準で示された能力と、試験対策によって
身につける力との間には隔たりがあります。日本語教師は、そこにどう折り合い
をつけて、学習者に向きあったらいいのでしょうか。試験対策一辺倒では育成す
る力に偏りが出てしまい、評価基準で示されるような理想的な力がつかない場合
があります。それを理解したうえで、学習者の将来にとって最もよい日本語教育
を試験対策も含めて考えていくことが、一人ひとりの教師に期待されています。

第10章
評価の全体像を考えよう

この章を理解するための ▶ ▶ ▶ キーワード

▶評価、アセスメント

▶到達度テスト、熟達度テスト

▶診断的評価、形成的評価、総括的評価

▶波及効果

▶ポートフォリオ評価、Can-do 評価、ルーブリック評価

　学習者の日本語力を測る方法は、テストだけではありません。この章では、テストも含む、学習者の日本語力を測定する方法の全体を視野に入れた、**評価**について説明します。

1
評価とは

　評価は、個人的な好き嫌いや、インターネット上でよく見られる、飲食店や映画などのおすすめ度、商品への点数つけなど、日常的な価値判断も含む広い概念です。関・平高編（2013）では、日本語教育における評価について、評価とテスト、その間に**アセスメント**という概念があることを、以下のような図で説明しています。

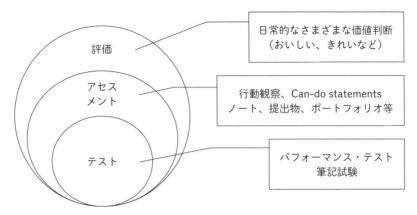

図 1　評価、アセスメント、テストの関係（関・平高編（2013: 5））

　この章ではまず、第 9 章で述べたテストの種類と効果を概観し、その後、日本語力をテストよりも自然な形で測りうるアセスメントの方法を、テスト以外の評価として紹介します。

.... **2** ....

テストの意義と限界

　日本語のテストには大きく分けて、2 つの種類があります。1 つは、第 9 章で述べたような、日本語コースで学習者がどのくらいの日本語力をつけたかを測るテストで、**到達度テスト**といいます。それはコースの目標に照らして、個々の学習者の達成度を示すものです。そして、プレースメントテストのような、学習者がその時点で、どれだけの日本語力を持っているかを判断するテストは、**診断的評価**と呼ばれます。また、中間テストなど、コースの途中で、学習者が身につけた日本語力を測り、その後の学習・指導に役立てるテストは、**形成的評価**と呼ばれます。また、期末テストのようにコースの学習全体を範囲とするテストは、**総括的評価**と呼ばれます。

　これに対して、日本語能力試験（JLPT）のように、教育機関を越えて、多くの人に開かれたテスト（以下、大規模テスト）を**熟達度テスト**といいます。その時点で個々の学習者が持つ日本語力が、学習者集団の中でどのレベルにあ

るかが示されます[1]。

2-1　テストの意義

　日本語コースにはテストがつきものです。また、教育機関を超えた大規模テストの種類も多くあります。こうしたテストは、だれにとって、どのような意義があるのでしょうか。

　日本語コース内のテストは、学習者にとって、コース目標に照らして自分の日本語力を知る材料になります。テストの結果は、その後の学習の方向性や動機づけにつながります。同時に、テストがあるから、事前に学習に力を入れるという学習者も多くいます。これはテストの**波及効果**と呼ばれています。テスト結果によって次学期のクラス分けがされたり、進級の可否が決まるなら、テストは学習の大きな動機づけになります。テストは単にその時点の日本語力を測るだけでなく、それに向けて学習することが、日本語力の向上にも役立つということです。

　また、教師にとってコース内のテストは、学習者のコース目標の達成状況を知り、その後の授業で、どのような内容をどのような方法で教授するかを検討する材料になります。テストの結果によっては、授業内の活動、学習者への接し方も変えていく必要があるかもしれません。定期的な学習者の日本語力の確認によって、それまでの教授内容・方法を見なおし、より学習者に合わせることによる教育効果が期待できます。

　一方、教育機関を越えておこなわれる大規模テストは、学習者にとって、進学や就職のために、教育機関外の人々に自分の日本語力を証明する材料になります。大規模テストは多くの場合、受験料を支払い、試験会場へ出向く必要があります。特定の範囲のあるテストではないので、テスト対策として、同じ形式の問題集や、過去の問題を使って練習することが多いです。日本語学校や大学等でも、大規模テストの対策をおこなうことがあります。

　学習者が大規模テストに合格したり、高得点を得たりすることは、進学や就

1　大規模な日本語テストには、JLPT 以外に、EJU（日本留学試験）、BJT（ビジネス日本語能力テスト）、J-CAT（日本語テストシステム）、J.TEST（実用日本語検定）、PJC/PJC Bridge（実践日本語コミュニケーション検定）、JFT-Basic（国際交流基金日本語基礎テスト）など、さまざまなものがあります。対象者やレベル、受験方法（筆記かオンラインかなど）も多様です。

職に直結するため、学習者にとっては人生に関わる大きな問題です。そのた
め、教師としても、教育機関としても、テスト対策のサポートをすることが多
いです。大規模テストの合格者・高得点者、進学者、就職者を多く輩出するこ
とは、教師としても喜ばしいことです。また教育機関にとっては、学習者に関
係する人々へ、学習者の日本語力を説明したり、教育機関の効果を対外的に説
明することにもなります。教育効果を証明することは、新たな学習者を獲得す
ることにもつながります。

2-2　テストの限界

　テストは、学習者の日本語力を測る方法として一般的におこなわれています
が、学習者の実際の日本語使用とは切り離された状況で、多くの制約の中でお
こなわれます。そのため、学習者が仕事、学習、生活のさまざまな場面で、実
際にどのくらい日本語を使えるのかをテストで測るのは難しいことです。テス
トで測れるのは、学習者の日本語力の一側面にすぎません。

　教師の目から見ると、ある学習者の普段の日本語力の印象と、テストの点数
が合致しないように感じる場合があります。また、ほかの学習者と比較して見
ると、テストの点数が高くない学習者も、その学習者なりに努力をしていて、
個人として見ると点数が伸びている場合もあります。そうした、普段の生活の
中で実際にどのくらい日本語が使えるか、また個人の努力やそれにともなう日
本語力の伸びは、1 つのテストの結果で示すのが難しい部分です。

　また、たとえば日本国内の「生活者としての外国人」《➡第 1 章参照》のた
めの、地域の日本語教室は、学習者のペースで、生活のために必要な日本語支援
がおこなわれています。そこは、定期的なテストで日本語力を測ることがそぐ
わない場所です。「生活者としての外国人」は、進学や就職を目標に、テスト
を中心に据えて、効率的に日本語力を高めていく学習者ではないからです。
「生活者としての外国人」の中にも、自分の日本語力を測る手段として JLPT
を受験する人もいますが、それはほかに日本語力を測る手段がないからでしょ
う。「生活者としての外国人」は、日本語学習に多くの時間を使える人たちで
はなく、長い時間をかけて、少しずつ学習を進めていく特徴があります。その
ため、生活の中で使える日本語力を自然な形で無理なく測り、日本語学習の次
の目標が見つけられるような評価をしていくことが必要です。

3
テスト以外の評価

　現場の教師たちは、こうしたテストの限界をこれまでも感じてきました。そのため、テスト以外の評価の方法が模索されてきました。日本語教育の現場では、教師が学習者の成績をつけるとき、テストの点数のみでつけることは珍しいのではないでしょうか。テストもおこないますが、それ以外に、授業での発言、教室活動への参加、課題への取り組み、提出した宿題など、さまざまな材料から、いわゆる「平常点」を出して、テストの点数と総合して成績をつけることが多いでしょう。こうした「平常点」は、テストよりも長い時間をかけて積み重ねられた行動から日本語力を測る、アセスメントに含まれるものです。

　近年は、これまでの「平常点」のようにテストでは測れない部分を補ったり、テストに代わったりする新たな評価方法が注目されるようになりました。この章ではそうした方法として Can-do 評価、ルーブリック評価、ポートフォリオ評価について解説し、その実施方法と効果について考えていきます。

3-1　Can-do 評価

　Can-do statement（以下、Can-do）は、「〜ができる」という形式の文で、その文によって、日本語を使って何ができるかを表します《➡第 6 章参照》。その文が日本語の能力も表すことになり、その文をもとにした評価を Can-do 評価といいます。

　Can-do は、たとえば教科書の第○課では日本語で□□ができるようになる、この授業では日本語で△△ができるようになる、という日本語力の目標として示されることがあります。同時に、学習者自身がその目標をどの程度達成できたか、自己評価する指標にもなります。学習者は Can-do リストをもとに、教師や支援者とともに、自分が日本語で何ができるか、何ができることを目標とするかに意識的になることができます。Can-do 評価は、教育機関ではテストを補う評価方法として、また地域の日本語教室のような場では学習者が自分の日本語力を把握し、次の目標を見つける方法として使用できます。

表 1　Can-do 評価の例（国際交流基金「Can-do チェック」[2]）

★☆☆　まだむずかしかった　★★☆できた　★★★よくできた

第 1 課　おはようございます	
活動・Can-do	評価
1.　こんにちは	
Can-do 01　人に会ったとき、あいさつをすることができる。	☆☆☆
2.　お先に失礼します	
Can-do 02　人と別れるとき、あいさつをすることができる。	☆☆☆
3.　ありがとうございます	
Can-do 03　人にお礼を言ったり、謝ったりすることができる。	☆☆☆
4.　メッセージスタンプ	
Can-do 04　「おはよう」や「ありがとう」などのメッセージスタンプを見て、意味を理解することができる。	☆☆☆

　Can-do 評価を取りいれることで、どのような日本語コースであっても、そのコース、その授業で、学習者が日本語で何ができるようになるか、という視点で目標やレベルを示せるようになります。現在は JLPT でも、各段階の合格者が日本語で何ができるかを示し、学習者が自己評価するための Can-do リストが提示されています[3]。

　文型・文法を中心に学習するクラスであっても、その文型・文法を使って、学習者が何ができるようになるか、授業ごと、あるいは教科書の課ごとの目標を設定できます。教師が Can-do を示し、学習者はそれを自己評価して、自分ができること、もっとできるようになりたいことに意識的になれば、学習者の積極的な学習につながります。そのためには、教師がそれぞれの授業、そしてコース全体のための Can-do リストを作成していく必要があります[4]。

2　国際交流基金「Can-do チェック『いろどり』入門（A1）」https://www.irodori.jpf.go.jp/assets/data/starter/pdf/X_candocheck.pdf
3　国際交流基金・日本国際教育支援協会「日本語能力試験 Can-do 自己評価リスト（JLPT Can-do）」https://www.jlpt.jp/about/candolist.html
4　Can-do 作成の方法は、国際交流基金「みんなの Can-do サイト」（https://jfstandard.jp/cando/top/ja/render.do）が参考になります。

3-2　ルーブリック評価

　ルーブリック（評価基準表）は、1つの軸に評価項目（評価の観点）、もう1つの軸に達成度（得点）、軸が交わる部分にその能力を説明する記述文を入れた表の形で作成されます。ルーブリックは日本語力の達成目標となったり、日本語力を判断する基準となったりします。このようなルーブリックを用いた評価を**ルーブリック評価**といいます。

　ルーブリックは、作文や話すテストなどのパフォーマンステストを採点する際の評価基準として使用されることがあります。パフォーマンステストの採点は、教師の主観と大きく関わるため、信頼性を確保するのが難しくなります。採点が教師の主観に左右されることをできるだけ回避し、テストの信頼性を高める方法として、ルーブリックを参照しながら採点すれば、複数の教師が統一した視点で採点ができ、一人の教師も採点の最初と最後で基準のずれを少なくすることができます。以下は、あるイラストを見て、見ていない人に内容を伝える文章を書くテストの評価基準として例示されています。

表2　作文テストのルーブリックの例（国際交流基金（2011b: 70)）

評価の観点＼得点	1	2	3	4
全体のまとまり	全体のまとまりがない。	文と文のつながりが悪い。また、絵の一部しか描写できていない。	文と文のつながりに多少問題はあるが、絵の広い範囲が描写できている。	文と文が適切につなげられており、絵の全体が描写できている。
正確さ	誤りが非常に多く、内容がわかりにくい。	誤りは多いが、内容は理解できる。	誤りのある文は全体の2割以下で、内容はよくわかる。	誤りはほとんどなく、内容がよくわかる。
量	50文字以下	51〜100文字	101〜150文字	151文字以上

　また、もっと大きな視点で、日本語コースで育成する日本語力の目標や、大規模テストの評価基準がルーブリックで示されることもあります。たとえばJLPTでは、各段階の日本語力の、読む能力、聞く能力について認定の目安が

示されており、これもルーブリックといえます[5]《➡第 6 章参照》。

　JLPT のように、ルーブリックの記述文が Can-do で示されることがあります。ルーブリックもまた、学習者が自分の日本語力を自己評価し、次の目標に意識的になる材料になります。教師も、ルーブリックを作成することや、学習者の日本語力の目安としてルーブリックを参照することで、自らが育成しようとする日本語力に意識的になり、学習者とともに、日本語コースを作っていくことになります。

3-3　ポートフォリオ評価

　もともとポートフォリオは、写真家やデザイナーが自分の作品をファイルにして、自分の技能を見せるために作成したものです。近年、言語教育の分野でも、学習者が学習過程で記述したり、作成したりした成果物をファイルしたものをポートフォリオと呼んでいます《➡第 6 章参照》。それを、自分の言語能力を示すものとして教師に提出したり、自己評価の材料として使用したりする方法を**ポートフォリオ評価**といいます。

　ポートフォリオ評価も、Can-do 評価やルーブリック評価と同様に、教師が一方的に学習者を評価するのではなく、学習者自身が、自分の日本語力を見つめ、学習目標に意識的になり、評価に関わるものです。それによって、学習者の自律的で意欲的な学習につながり、次の目標を見つけることができます。教師や支援者は学習者自身の評価のサポートをすることになります。

　ポートフォリオ評価の例として、文化庁の Web サイトで公開されているAoki（2006）の『日本語ポートフォリオ［改訂版］』があります。これは教育機関に通うことのできない「生活者としての外国人」の日本語力評価のために提案されたものです。学習者が、仲間、支援者、教師と協力しながらおこなうことができます。

5　国際交流基金・日本国際教育支援協会「N1〜N5：認定の目安」https://www.jlpt.jp/about/levelsummary.html
　　このようなルーブリックの原型といえるのが、CEFR の全体的な尺度や自己評価表です。また、JF スタンダードではそれらの記述を参考にしながら、Can-do で日本語力を細分化して書き表しています。さらにそれらを参考にして、日本語コースで育成する日本語力の尺度や評価表の作成が可能です。
　　国際交流基金「共通参照レベル：自己評価表」https://jfstandard.jp/pdf/self_assessment_jp.pdf

---

私の作品
　ここは、あなたが日本語の学習に使ったもの、日記や目標、大切な言葉、あなたが書いた作文、あなたの話を録音したテープなど、あなたの作品を入れてください。

目次

	タイトル
1	
2	
3	
10	
11	
12	

図2　ポートフォリオ評価の例（Aoki（2006: 38））

　また、JF スタンダードでも、CEFR の理念を実現する道具であるヨーロッパ言語ポートフォリオを参考に、ポートフォリオが提案されています[6]。ポートフォリオには、学習過程で作成した成果物はもちろん、自己評価をするためのCan-do リスト、日本語力の評価基準となるルーブリックを参照した評価シートも入れます。つまり目標、学習成果、評価という学習過程のすべてを入れていくことになります。それによって、学習者自身が自分の学習過程に意識的になり、学習を自律的に評価し、次の学習につなげていくことができます。そこに教師や支援者が関わり、ともに学習を進めていくのです。

　ポートフォリオ評価も、どのような日本語コースでも取りいれていくことが可能です。授業以外に、ポートフォリオのための時間を作る必要がありますが、この理念を取りいれていくことで、学習者自身も教師も支援者も、学習者

6　国際交流基金『JF 日本語教育スタンダード【新版】利用者のためのガイドブック』「第1章　知識編」（p. 25）https://jfstandard.jp/pdf/web_chapter1.pdf#page=23

161

の日本語力を把握し、次の目標につないでいくことができるでしょう。

3-4　テスト以外の評価の取りいれ方

　ここまで紹介した、Can-do 評価、ルーブリック評価、ポートフォリオ評価は、学習者にとっても教師にとっても、日本語力の評価基準となり、学習者が学習に意識的になるための道具になります。それぞれ別々に使用することもできますが、ルーブリックの中には Can-do を埋め込むことができ、その基準に照らして評価した結果をポートフォリオに入れていく、というように密接に関係しあっています。

　これらのアセスメントを日本語コースに取りいれていくのは、テストを中心に評価をおこなっている多くの教育機関では、簡単ではないかもしれません。また、教育機関や教師の、日本語力の捉え方とも関係するため、教師一人の考えで取りいれていけるものでもないでしょう。一方、地域の日本語教室では、これまでテストはもちろん、評価といえるようなことは実施してこなかったところがほとんどではないでしょうか。

　これらを現場に取りいれるために、教師や支援者にできることとして、まず学習者に、学習の成果物をファイルに入れて保存していくようにすすめることです。そこには、宿題、授業のプリント、テスト、授業で書いた作文など、さまざまなものが入れられます。残念ながら多くの学習者は、せっかくの学習の軌跡をバラバラにして、紛失してしまい、あとで見なおすことも難しいのが実態です。教師や支援者は、学習者が成果物をファイルする時間を確保したり、ファイリングの手助けをするなどの対策が必要です。それができるだけでも、たとえば地域の日本語教室の学習者は、自分の日本語力を証明し、次の目標を立てられるのではないでしょうか。

　また、教師にできることは、毎回の授業の Can-do を考え、提示していくことです。文型積み上げ式の教材で授業をおこなっていても、その日に学ぶ学習項目を使って、学習者が何ができるようになるかを考えることで、授業が単に知識を与えるだけではない、日本語の実際の使用を意識した内容になるでしょう。

　そしてルーブリックについては、まず教師が、作文テストや話すテストを評価するルーブリックを作るところから始めてみましょう。第 9 章の話すテス

トで提示したような、項目と配点だけの簡単なものは、教育現場ではすでによく使われていると思います。それをもう少し発展させて、評価項目と達成度の表を作り、そこに Can-do のような能力記述も入れてみましょう。さらにルーブリックは、テストの評価基準にとどまらず、日本語コースの、クラスのレベルごとの能力記述にまで広げることができます。それによって、その日本語コースのどのクラスを受講すれば、どれだけの日本語力がつくか、日本語コースや教育機関として、対外的な説明をすることも可能になります。

·············· **4** ··············
評価の意義

　この章ではテストとアセスメントの両面から評価について考えました。テストには限界があるものの、多くの学習者が効率的、客観的に日本語力を測ることができるため、今後もなくなることはありません。むしろ、テストの必要性は高まっています。

　日本の少子高齢化による労働力不足から、多くの外国人が労働の担い手として来日しています。その来日の条件、あるいは在留資格を得る条件として、JLPT 等の大規模テストで一定のレベルに達することが求められています。日本の大学への入学や日本企業への就職にも、大規模テストによるレベルの証明は不可欠です。学習者は大規模テストによる評価を獲得することによって、社会に参加し、よりよい生活、よりよい将来を手に入れることができます。それは学習者だけの問題ではありません。日本社会が、そうした外国人に頼らなければならないことに鑑みれば、教師も支援者も教育機関も、学習者が大規模テストで一定水準に達することを後押ししていかなければならないでしょう。

　それでもやはり、テストは学習者の日本語力の一面しか測れません。テストを目標とした学習では、テストで一定水準に達することはできるかもしれませんが、それが実際の日本語使用にどの程度つながるかはわかりません。

　アセスメントは普段の生活の中で、学習者が自分の日本語力の評価に参加するしくみを作ること、それによって、学習者が自分の日本語力に意識的になり、自律的な学習に向かっていくことに意義があります。大規模テストで一定水準の獲得を目指す学習者であっても、教師や支援者の協力のもと、言語能力

全体を視野に入れて、日常的なアセスメントを意識的におこなっていけば、学習者の学習への力を最大限に引き出し、教育効果は大きなものになるでしょう。評価の過程に学習者を巻き込み、学習者を受け身の存在ではなく、自律的な学習者として育成していくのです。そうしたアセスメントが一般化すれば、教育機関を出たあとの学習者も、また教育機関に通えず、地域の日本語教室をよりどころとする学習者も、ポートフォリオで自分の日本語力を証明するような、テストだけではない日本語力の証明の可能性も出てきます。日本語を母語としない外国人の日本語力の取得に、日本が国として関与していかなければならないことが「日本語教育の推進に関する法律」[7]に明記された今、すべての日本語学習者が自分の日本語力を証明し、次の目標につなげていくことに、評価の大きな意義があるでしょう。

POINT

1　テストの重要性はますます高まっている。
2　テストには限界があり、テスト以外の評価であるアセスメントが注目されている。
3　Can-do 評価、ルーブリック評価、ポートフォリオ評価は相互に関係しあっており、自律的な学習者を育成する方法でもある。

まとめタスク

▶　冒頭のキーワードの意味を、クラスメートと互いに説明しあってください。
▶　身近にある日本語教科書の 1 つの課を選んで、その課の Can-do リストを作ってみましょう。
▶　あなたが今、あるいはこれから関わる日本語教育の現場で、ルーブリック評価を取りいれたときの、利点と問題点を考えてみましょう。

7　文化庁「日本語教育の推進に関する法律の施行について（通知）」https://www.bunka.go.jp/seisaku/bunka_gyosei/shokan_horei/other/suishin_houritsu/1418260.html

おわりに

　もしかすると『日本語を教えるための教授法』という本書のタイトルに、少し違和感を持った方がいらっしゃるかもしれません。「教授法」が教えるための方法であることは当然なのに、「教えるための」とわざわざ入れてあるのは、どうしてなのかと。

　実はそれには理由があります。既刊の日本語教授法の解説書や日本語教育能力検定試験の対策本などには、代表的な教授法の名前とその特徴が列記されたものが数多くあります。もちろん、それはそれで重要な知識ですし、試験に合格するためには覚えることが必須です。しかし、教授法の知識だけがあれば、教壇に立って日本語を教えられるというのものではありません。他方、日本語教科書の項目別に、教え方を手取り足取り指南するような教授法の参考書などもあります。こちらは、教壇に立つとき、すぐに役立つことを目指していると思われます。

　しかし、私たちは、このどちらでもない内容を目指したいと思いました。現在の社会は大きく変動しており、日本語を学ぼうとする学習者も非常に多様化しています。学習者自身の目的やニーズが多様なのはもちろんですが、社会が日本語を学ぶ人々に求めることも多様になってきています。

　日本語教師は、学習者のニーズや社会の要請を意識しながら、実際に教室で何をどう教えるかを検討していかなければなりません。それを意識して「はじめに」では、「実装する」ということばを使いました。知識を学び、実際に自分で考えながら、その知識を使える形にして身につけていくことを目指しています。

　これを書いている 2021 年秋、1 年半以上も続いてきたコロナ禍がようやく落ち着きを見せてきましたが、人々はもう以前の世界には戻らないだろうということに気づいています。世界中の人が大きな苦難に喘いだ日々でしたが、それをきっかけに新しいステージに上がることもできました。

　その 1 つが、対面での交流の代替手段と思われていたオンラインの積極的な利用です。その場に行かなければ受けられなかった講義や研修が、だれもが簡単に受ける機会を得られるようになりました。この本を参考にしながら、オ

ンラインでつながって、世界中の日本語教師同士が意見交換をしたり、さまざまな場所で教育実習をしたり、可能性が広がります。

　2年前には考えもしなかった構想が実現しつつあることに、私たちも驚きながらもワクワクする気持ちでいます。世界には、日本語を専門的に学んだものの、「日本語教授法」を学ぶ機会がそれほどなかった、日本語を母語としない日本語教師もたくさんいます。そのような方々にも使っていただきたいと思っています。

　本書は、著者のうちの深澤と本田が以前に刊行した『日本語を教えるための教材研究入門』の姉妹編ともいうべき内容で、くろしお出版の坂本麻美さんが引き続き編集を担当してくださいました。坂本さん自らが日本語教育の専門家でもあるので、心から信頼して本書を完成することができました。深く感謝いたします。

参 考 文 献

庵功雄（2017）『一歩進んだ日本語文法の教え方1』くろしお出版

和泉伸一・池田真・渡部良典（2012）『CLIL（内容言語統合型学習）　上智大学外国語教育の新たなる挑戦　第2巻　実践と応用』上智大学出版

伊東祐郎（2008）『日本語教師のためのテスト作成マニュアル』アルク

岩田一成（2015）「日本語教育初級文法シラバスの起源を追う——日本語の初級教材はなぜこんなに重いのか？——」『聖心女子大学論叢』126, 92-67.

奥野由紀子（編著）（2018）『日本語教師のためのCLIL（内容言語統合型学習）入門』凡人社

奥村三菜子・櫻井直子・鈴木裕子（編）（2016）『日本語教師のためのCEFR』くろしお出版

金村久美・松田真希子（2020）『ベトナム人に日本語を教えるための発音ふしぎ大百科』ひつじ書房

川口義一・横溝紳一郎（2005a）『成長する教師のための日本語教育ガイドブック（上）』ひつじ書房

川口義一・横溝紳一郎（2005b）『成長する教師のための日本語教育ガイドブック（下）』ひつじ書房

木下是雄（1981）『理科系の作文技術』中央公論社, p. 61.

木下是雄（1994）『レポートの組み立て方』筑摩書房、pp. 186-187.

国際交流基金（2006）『読むことを教える』（日本語教授法シリーズ7）ひつじ書房

国際交流基金（2007）『初級を教える』（日本語教授法シリーズ9）ひつじ書房

国際交流基金（2008a）『聞くことを教える』（日本語教授法シリーズ5）ひつじ書房

国際交流基金（2008b）『教材開発』（日本語教授法シリーズ14）ひつじ書房

国際交流基金（2009）『音声を教える』（日本語教授法シリーズ2）ひつじ書房

国際交流基金（2010）『文法を教える』（日本語教授法シリーズ4）ひつじ書房

国際交流基金（2011a）『中・上級を教える』（日本語教授法シリーズ10）ひつじ書房

国際交流基金（2011b）『学習を評価する』（日本語教授法シリーズ12）ひつじ書房

国際交流基金・日本国際教育支援協会（2018）『日本語能力試験公式問題集　第二集　N3』凡人社

国立教育政策研究所（2015）「資質・能力を育成する教育課程の在り方に関する研究報告書1——使って育てて21世紀を生き抜くための資質・能力——」https://www.nier.go.jp/05_kenkyu_seika/pdf_seika/h28a/syocyu-1-1_a.pdf

佐々木倫子（2006）「パラダイムシフト再考」国立国語研究所（編）『日本語教育の新たな文脈——学習環境、接触場面、コミュニケーションの多様性——』アルク、

pp. 259-283.

関正昭・平高史也（編）（2013）『テストを作る』（日本語教育叢書つくる）スリーエーネットワーク

田崎清忠（責任編集）・佐野富士子（編集コーディネーター）（1995）『現代英語教授法総覧』大修館書店

建石始（2015）「類義表現から見た文法シラバス」庵功雄・山内博之（編）『データに基づく文法シラバス』くろしお出版、pp. 215-232.

玉井健（2005）『リスニング指導法としてのシャドーイングの効果に関する研究』風間書房

當作靖彦（2016）「グローバル時代の日本語教育—つながる教育、社会、人、モノ、情報—」 *2016 CAJLE Annual Conference Proceedings*, 1-7.

中俣尚己（2014）『日本語教育のための文法コロケーションハンドブック』くろしお出版

西口光一（1995）『日本語教授法を理解する本　歴史と理論編—解説と演習—』（日本語教師レーニングマニュアル4）バベルプレス

西山教行・大木充（編）（2021）『CEFRの理念と現実　理念編　言語政策からの考察』くろしお出版

ネウストプニー, J. V.（1995）『新しい日本語教育のために』大修館書店

バーグマン, J.・サムズ, A.（2015）『反転授業—生徒の主体的参加への入口—』オデッセイコミュニケーションズ

深澤のぞみ（2020）「日本語教育から見た日本の国際化」鹿島正裕・倉田徹・古畑徹（編著）『国際学への扉—異文化との共生に向けて—［三訂版］』風行社、pp. 188-200.

深澤のぞみ・本田弘之（2019）『日本語を教えるための教材研究入門』くろしお出版

細川英雄（2019）『対話をデザインする—伝わるとはどういうことか—』筑摩書房

本田弘之（2014）『すぐ書ける！きれいに書ける！ひらがな・カタカナ練習ノート』（日本語文字学習シリーズ）アルク

本田弘之（2020）『かんたんルールとパーツでおぼえる　きほんの漢字99』（日本語文字学習シリーズ）アルク

吉岡英幸（編著）（2008）『徹底ガイド　日本語教材』凡人社

Aoki, N. (2006). 『日本語ポートフォリオ［改訂版］』https://www.bunka.go.jp/seisaku/kokugo_nihongo/kyoiku/seikatsusha/h24_nihongo_program_a/a_53_1.html

Elis, R. (1994). *The study of second language acquisition*. Oxford University Press

Nicholas, H., Lightbown, P. M., & Spada, N. (2001). Recasts as feedback to language learners. *Language Learning*, *51*(4), 719-758.

Tannen, D. (2001). *You just don't understand: Women and men in conversation.* William Morrow Paperbacks.

掲載教材・教科書

『いろどり　生活の日本語　入門（A1）』国際交流基金、2020 年

『NEJ　テーマで学ぶ基礎日本語〈vol. 1〉』くろしお出版、2012 年

『NEJ　テーマで学ぶ基礎日本語〈vol. 2〉』くろしお出版、2012 年

『おたすけタスク—初級日本語クラスのための文型別タスク集—』くろしお出版、
　　2008 年

『教師と学習者のための日本語文型辞典』くろしお出版、1998 年

『上級へのとびら—コンテンツとマルチメディアで学ぶ日本語—』くろしお出版、
　　2009 年

『初級日本語　げんき 1 ［第 3 版］』ジャパンタイムズ出版、2020 年

『初級日本語　げんき 2 ［第 3 版］』ジャパンタイムズ出版、2020 年

『新編　あたらしいこくご　一上』東京書籍、2019 年

『テーマ別　上級で学ぶ日本語〈三訂版〉』研究社、2016 年

『できる日本語　初級　本冊』アルク、2011 年

『できる日本語　初中級　本冊』アルク、2012 年

『できる日本語　中級　本冊』アルク、2013 年

『どんどん読める！日本語ショートストーリーズ』アルク、2017 年

『日本語コミュニケーションゲーム 80 ［改訂新版］』ジャパンタイムズ出版、2007 年

『にほんご多読ブックス』大修館書店、2016 年

『日本語能力試験公式問題集　第二集　N3』凡人社、2018 年

『まるごと　日本のことばと文化　入門（A1）りかい』三修社、2013 年

『まるごと　日本のことばと文化　入門（A1）かつどう』三修社、2013 年

『まるごと　日本のことばと文化　初級 1（A2）りかい』三修社、2014 年

『まるごと　日本のことばと文化　初級 1（A2）かつどう』三修社、2014 年

『まるごと　日本のことばと文化　初中級（A2/B1）』三修社、2015 年

『まるごと　日本のことばと文化　中級 1（B1）』三修社、2016 年

『まるごと　日本のことばと文化　中級 2（B2）』三修社、2017 年

『みんなの日本語初級Ⅰ［第 2 版］本冊』スリーエーネットワーク、2012 年

『みんなの日本語初級Ⅱ［第 2 版］本冊』スリーエーネットワーク、2013 年

『みんなの日本語中級Ⅰ　本冊』スリーエーネットワーク、2008 年

『みんなの日本語中級Ⅱ　本冊』スリーエーネットワーク、2012 年

『レベル別日本語多読ライブラリー　にほんごよむよむ文庫』アスク、2006 年

索 引

著 者 紹 介

飯野令子（いいの・れいこ）

常磐大学人間科学部准教授。早稲田大学大学院日本語教育研究科博士後期課程単位取得満期退学、博士（日本語教育学）。日本国内と海外で日本語教育と日本語教師養成・研修に携わる。研究分野は、日本語教育、地域日本語教育、年少者日本語教育。主著に、『日本語教師の成長——ライフストーリーからみる教育実践の立場の変化——』（ココ出版、2017）、『日本語教育学としてのライフストーリー——語りを聞き、書くということ——』（共著、くろしお出版、2015）、『海の向こうの「移動する子どもたち」と日本語教育』（共著、明石書店、2009）などがある。
執筆箇所：第9章、第10章、コラム1、コラム9

笹原幸子（ささはら・さちこ）

金沢大学国際機構特任助教。慶應義塾大学文学部卒業、石川県国際交流協会で県在住外国人や欧米からの大学生等の日本語教育に携わった後、ヒューマンアカデミー等で長年にわたり日本語教師養成講座を担当する。また、金沢大学で外国人留学生に対する日本語教育と、日本語教育専攻の学生たちの教育に携わる。研究分野は、日本語教授法。
執筆箇所：第4章、第5章、コラム5

深澤のぞみ（ふかさわ・のぞみ）＊

金沢大学人間社会学域国際学類教授。金沢大学大学院社会環境科学研究科博士後期課程修了、博士（学術）。外国人留学生に対する日本語教育と、日本語教師養成に携わる。研究分野は、日本語教育学、応用言語学。主著に、『日本語を教えるための教材研究入門』（共著、くろしお出版、2019）、『アカデミックプレゼンテーション入門——最初の一歩から始める日本語学習者と日本人学生のための——』（共著、ひつじ書房、2006）、『21世紀のカレッジ・ジャパニーズ——大学生のための日本語で読み解き、伝えるスキル——』（共著、国書刊行会、2018）などがある。
執筆箇所：第1章、第7章、コラム7

本田弘之（ほんだ・ひろゆき）＊

北陸先端科学技術大学院大学教授。早稲田大学大学院日本語教育研究科博士後期課程修了、博士（日本語教育学）。早稲田大学卒業後、高校教諭を経て、青年海外協

力隊に参加し、日本語教育に携わる。研究分野は、日本語教育学、社会言語学。主著に、『日本語を教えるための教材研究入門』（共著、くろしお出版、2019）、『街の公共サインを点検する―外国人にはどう見えるか―』（共著、大修館書店、2017）、『日本語教育学の歩き方―初学者のための研究ガイド―［改訂版］』（共著、大阪大学出版会、2019）などがある。

執筆箇所：第 3 章、第 8 章、コラム 4、コラム 8

松田真希子（まつだ・まきこ）

金沢大学融合研究域融合科学系教授。大阪外国語大学（現大阪大学）大学院言語社会研究科博士後期課程単位取得退学、博士（学術・一橋大学）。留学生に対する日本語・日本文化教育と、日本語教師養成に携わる。研究分野は、言語的・文化的に多様な人のための言語文化教育。主著に、『ベトナム語母語話者のための日本語教育―ベトナム人の日本語学習における困難点改善のための提案―』（春風社、2016）、『ベトナム人に日本語を教えるための発音ふしぎ大百科』（共著、ひつじ書房、2020）などがある。

執筆箇所：第 2 章、第 6 章、コラム 2、コラム 3、コラム 6

（五十音順、＊は編著者）

175

日本語を教えるための教授法入門

2021 年 12 月 28 日　　初版第 1 刷発行

編著者	深澤のぞみ・本田弘之
著　者	飯野令子・笹原幸子・松田真希子
発行人	岡野秀夫
発行所	株式会社　くろしお出版

〒 102-0084　東京都千代田区二番町 4-3
TEL：03-6261-2867　FAX：03-6261-2879
URL：www.9640.jp　e-mail：kurosio@9640.jp

印刷所	藤原印刷株式会社
イラスト	村山宇希（ぼるか）
本文デザイン	竹内宏和（藤原印刷株式会社）
装丁デザイン	仲川里美（藤原印刷株式会社）